新基本通達対応

消費税
中小事業者の特例
パーフェクトガイド

税理士 **金井恵美子** ［著］

インボイス特例 完全版

ぎょうせい

改訂にあたって

　本書は、平成28年11月に初版を発行し、平成30年12月に『軽減税率・インボイス対応版』、令和2年9月には『令和2年度改正・新型コロナ税特法対応版』と改訂を行ってまいりました。この度は、令和5年10月1日から適用の新基本通達を踏まえて、『新基本通達対応』として改訂いたしました。

　インボイス制度は、平成28年度税制改正において法制化されましたが、その後、毎年の改正において見直しが行われています。特に令和5年度改正においては、重要な改正が行われています。まず、すべての事業者を対象に、1万円未満の対価の返還等について返還インボイスの交付義務が免除されることとなりました。また、免税事業者がインボイス発行事業者の登録をする場合及び登録を取り消す場合の手続きに要する期間が15日に短縮・整理され、手続きに係る負担が大きく軽減されています。さらに、免税事業者がインボイス発行事業者の登録によって課税事業者となった場合の2割特例の経過措置が設けられ、一定規模以下の事業者について1万円未満の課税仕入れについてインボイスの保存を要しないこととする少額特例の経過措置が創設されるなど、中小事業者のインボイス対応を支援する重要な改正となっています。その結果、基準期間における課税売上高は、納税義務の免除と簡易課税制度の適用の有無を判定する基準ですが、インボイス制度では、2割特例と少額特例の適用の基準となりました。

　本書は、各セクション冒頭に「趣旨と概要」をおいて制度の目的や特例を措置するに至った背景等を簡潔に記述し、そのうえで、実務を想定した制度の解説を行っています。みなさまのお役に立つことができれば幸いです。

　令和5年9月

税理士　金井　恵美子

はしがき

　消費税は、物品の販売やサービスの提供を行う取引の価額に上乗せされて、これらを購入する消費者に税負担が転嫁されることを予定する間接税です。

　ある商品の購入（消費）について消費者が負担した税額は、その商品の流通過程にある事業者が申告納税した税額の合計額と一致するという考え方であり、すべての事業者が、実際の取引に基づいて、売上げの税額と仕入れの税額を適正に計算し、その差額を申告納税することが基本です。したがって、事業者は、消費税の負担を負うことは予定されていませんが、納税義務者として「納税事務という無償の役務の提供を行うこと」を法律上の義務として課せられています。

　しかし、小規模の事業者については、消費税の申告のための事務を行うことが難しいと考えられ、これに配慮するため、その納税義務を免除する事業者免税点制度が設けられています。また、免税点を超える規模の事業者においても、仕入税額控除の計算に要する事務負担を軽減するために、売上げの税額の一定割合を控除対象仕入税額とする簡易課税制度が設けられています。

　このように、事業者免税点制度及び簡易課税制度は、中小の事業者の事務負担に配慮して設けられていますが、適用の判定は過去の売上高を基準とするため、相当程度の規模の事業者が制度の趣旨に沿わない形で利用している実態が指摘され、数次の改正が行われました。

　その結果、多くの特例が存在することとなり、とても複雑な適用関係となっています。1つの特例を設けると、それをフォローするためにさらなる特例が必要となり、制度の歪みが進むことになります。

　実務においては、その適否と選択の判断を行うことがかえって事業者の負担となることも多く、適用関係の判定や手続きを誤って還付を受けることができなかったり、予定外の税を納付することになったりする

ケースが散見され、無申告加算税や過少申告加算税が賦課されるケースも少なくありません。

　本書は、このように複雑化した中小事業者の特例を分かりやすく解説することを目的にしています。読者のみなさまの実務の一助になれば幸いです。

　本書の作成にあたり、企画から発行に至るまで株式会社ぎょうせいのみなさまにご尽力をいただきました。感謝申し上げます。

　平成28年10月

金井　恵美子

目　次

第3章　納税義務の免除の特例

第Ⅱ部　仕入税額控除編

第1章　控除対象仕入税額の計算方法

第2章　棚卸資産に係る仕入税額の調整

第2章　適格請求書発行事業者登録制度

第3章　インボイス発行事業者の義務

第4章　仕入税額控除の要件

第Ⅳ部　災害特例編

納税義務の判定一覧

凡 例

　本文中に用いた主な法令名や通達等の略号は、以下のように用いたほか、慣例にならっています。

消　法　　　　消費税法（昭和63年法律第108号）

消　令　　　　消費税法施行令（昭和63年政令第360号）

消　規　　　　消費税法施行規則（昭和63年大蔵省令第53号）

28年改正法　　所得税法等の一部を改正する法律（平成28年法律第15号）

消基通　　　　消費税法基本通達（課消2-9他、令和5年8月10日発遣、令和5年10月1日以後適用）

インボイスQA　消費税の仕入税額控除制度における適格請求書等保存方式に関するQ&A（平成30年6月（令和5年10月改訂）国税庁軽減税率・インボイス制度対応室）

第 I 部
納税義務編

第1章

納税義務の原則

Ⅰ　趣旨と概要

　消費税法（昭和63年法律第107号）は、昭和63年12月24日に成立し、平成元年4月1日から施行されています。

　消費税創設前の個別間接税制度は、特定の物品等の消費に負担を求めるものでした。その中心であった物品税は、生活必需品には課税せず贅沢品に課税するという考え方であり、課税物品表に掲げたものを課税の対象としていました。しかし、この掲名主義によるしくみは、国民の消費態様の大きくかつ急激な変化に即応することができず、税制の公平性、中立性の観点から問題が指摘されていました。また、社会保障費が増大する中、所得税及び法人税の負担軽減の求める声が高まっていました。

　消費税は、個別間接税制度がもつ諸問題を根本的に解決し、所得、資産、消費に対する税体系全体を通ずる税負担の公平を図るとともに、安定した歳入を確保する一般大型間接税導入の期待に応えるものでした。物品税とは逆の考え方で、すべての財とサービスの消費に負担を求めるものとして設計されており、その課税の対象は、事業者が行う商品の販売、役務の提供等とされています。

　したがって、すべての事業者は、原則として、国内取引に係る消費税の納税義務者となります（消法5①）。

Ⅱ　国内取引に係る消費税の納税義務

(1)　事業者

事業者とは、個人事業者及び法人をいいます（消法2①四）。

①　法人の納税義務

　法人は、その種類、法人となる根拠法、公益性や営利性の有無等にかかわらず、すべて事業者となります。

　法人とは、個人（自然人）でなく、一定の目的のために結合した人の団体（社団）や一定の目的のために捧げられた財産の集合（財団）であって、法律により人格を付与されたものをいいます。

　法人は、法令の規定に従い、定款その他の基本約款で定められた目的の範囲内において、権利、義務の主体となります（民法34）。

②　個人事業者の納税義務

　個人事業者とは、事業を行う個人をいいます（消法2①三）。

　所得税においては、所得の源泉や性質によって異なる担税力を考慮するため、課税所得金額は、10種類の各種所得に区分して計算します。各種所得の中には事業所得があり、不動産所得の規模を判断する場合にも事業的規模という概念があります。

　しかし、消費税においては、このような考え方はありません。その規模の大小にかかわらず、対価を得て行われる資産の譲渡及び貸付け並びに役務の提供が反復、継続、独立して行われることを「事業」といい（消基通5-1-1）、自己の計算において独立して事業を営む者を事業者といいます（消基通1-1-1）。

　役務の提供については、請負による報酬を対価とする役務の提供が事業に該当します。

　雇用契約又はこれに準ずる契約に基づき他の者に従属し、かつ、その他の者の計算により行われる事業に役務を提供する場合は、事業に該当しません。したがって、出来高払の給与を対価とする役務の提供は、事業ではありません。

　出来高払の給与であるか、請負による報酬であるかの区分については、雇用契約又はこれに準ずる契約に基づく対価であるかどうかによります。

　この場合において、その区分が明らかでないときは、たとえば、次の事項を総合勘案して判定します（消基通1-1-1）。

　①　その契約に係る役務の提供の内容が他人の代替を容れるかどうか。
　②　役務の提供に当たり事業者の指揮監督を受けるかどうか。

③　まだ引渡しを了しない完成品が不可抗力のため滅失した場合等に
おいても、当該個人が権利として既に提供した役務に係る報酬の請
求をなすことができるかどうか。

④　役務の提供に係る材料又は用具等を供与されているかどうか。

⑵　資産の譲渡等を行った者の実質判定

法律上資産の譲渡等を行ったとみられる者が単なる名義人であって、
その資産の譲渡等に係る対価を享受せず、その者以外の者がその資産の
譲渡等に係る対価を享受する場合には、その資産の譲渡等は、その対価
を享受する者が行ったものとして、消費税法の各規定を適用します（消
法13）。

これは、所得税法、法人税法における実質所得者課税の原則と同様の
取扱いであり、売上げ及び仕入れの帰属につき、法律上の実質をとろう
というものです。資産の譲渡等を行った者以外の者が名義人となってい
る場合には、その形式的な名義にかかわらず、私法上の実質に従って取
引を行った者を判断します。

①　人格のない社団等

人格のない社団等は法人とみなされます（消法7）。

人格のない社団等は、法人税法においても法人とみなすものとされて
おり、法人税及び消費税の納税義務者となります。

②　任意組合

民法上の任意組合は、複数の者が、共通の目的のため出資をして共同
事業を営む契約によって作られた組合であり、パススルー課税が適用さ
れます。

③　有限責任事業組合（LLP）

有限責任事業組合とは、民法上の組合契約の特例として定められた「有
限責任事業組合契約に関する法律」に規定する事業体をいいます。海外

では類似の事業体がLimited Liability Partnershipと称されることからLLPと略称されています。

①構成員全員が有限責任、②内部自治の徹底、③パススルー課税が、LLPの特徴であり、消費税においても、任意組合と同様の取扱いとなります。

法人税法においては、LLPの事業から生じた損失は、原則として出資の金額を超えて構成員の損金の額に算入することはできません（措法67の13①）。しかし、消費税においては、仕入税額控除を制限する規定は設けられていません。

④　匿名組合

匿名組合については、匿名組合の営業者が単独で事業を行うものであり、匿名組合の構成員は、消費税法上、利益の分配を受ける出資者の取扱いを受けます（消基通1-3-2）。

したがって、匿名組合が行う事業については、その営業者が納税義務者となり、パススルー課税は行われません。

(3)　公共法人、公益法人等が行う取引

国、地方公共団体、公共法人、公益法人等であっても、国内において資産の譲渡等を行う限り、消費税の納税義務者となります。

ただし、国又は地方公共団体の一般会計は、課税標準額に対する消費税額と控除対象仕入税額とは同額とみなされ、消費税の申告納税を行うことはありません（消法60⑥⑦）。

(4)　委託販売

委託販売その他の業務代行等については、委託者がその業務についての納税義務者となり、受託者は、原則として、その業務について収受する受託手数料を対価として納税義務者となります（消基通4-1-3）。

資産の譲渡等が委託販売等であるかどうかの判定は、契約の内容、価格の決定経緯、代金の最終的な帰属者等を総合的に判定します。

国内取引に係る消費税の確定申告

　国内取引に係る消費税は、申告納税方式によっています。

　消費税の納税義務がある事業者は、課税期間ごとに、その課税期間の末日の翌日から二月以内に、所定の事項を記載した消費税の確定申告書を提出しなければなりません（消法45①）。

　また、納付の期限も確定申告書の提出期限と同じです（消法49）。

(1)　個人事業者の申告期限の特例

　個人事業者のその年の12月31日の属する課税期間に係る消費税の確定申告書の提出期限は、その年の翌年3月31日となります（措法86の4①）。

(2)　法人の申告期限の特例

　法人税の確定申告書の提出期限の延長の特例（法法75の2①）の適用を受ける法人が、「消費税申告期限延長届出書」を所轄税務署長に提出した場合には、その提出をした日の属する事業年度以後の各事業年度終了の日の属する課税期間に係る確定申告書の提出期限については、その課税期間の末日の翌日から三月以内となります（消法45の2）。

(3)　大法人の電子申告の義務

　その事業年度開始の時における資本金の額等が1億円を超える法人等（特定法人）は、申告書等（添付書類を含みます）の提出は、e-Tax（国税電子申告システム）によることが義務付けられています（消法46の2）。

　大法人に該当しない法人は、e-Taxによる申告は任意です。

Ⅳ　保税地域からの引取りに係る消費税の納税義務

外国から輸入される貨物は、その後国内において消費されることから、消費税の課税の対象となります。したがって、保税地域から外国貨物を引き取る者は、事業者であるか否かにかかわらず、引取りに係る消費税の納税義務者となります。

事業者である場合には、保税地域からの外国貨物の引取りにつき課せられた又は課せられるべき消費税は、その事業者の国内取引の消費税の計算にあたり、控除対象仕入税額の計算の基礎となります（消法30①）。

(1)　引き取る者

外国貨物を保税地域から引き取る者とは、関税法における輸入者すなわち輸入申告書に記載した名義人です。

(2)　実質的輸入者

たとえば、関税定率法13条1項の規定により、飼料の製造のための原料品であるとうもろこし等の輸入については、一定の条件の下に関税が免除されますが、その免除を受けるためには、税関長の承認を受けた製造者の名をもって申告しなければならない（いわゆる限定申告）こととされています（関税定率令7②）。このように輸入申告をする者が限定されているような場合には、実質的な輸入者と申告をするいわゆる限定申告者との名義が異なることが想定されます。このような場合において、次の要件のすべてに該当するときは、その実質的な輸入者がその課税貨物を保税地域から引き取ったものとして取り扱います（消基通11-1-6）。

①　実質的な輸入者が輸入貨物を輸入申告者に対して有償譲渡する

②　実質的な輸入者がその貨物の引取りに係る消費税等を負担する

③　実質的な輸入者が輸入許可書等の原本を保存する

すなわち、実質的な輸入者が引取りに係る消費税について仕入税額控除を受け、いわゆる限定申告者は実質的な輸入者からの買取りにかかる消費税額について仕入税額控除を受けることとなります。

保税地域からの引取りに係る消費税の申告

保税地域からの引取りに係る消費税は、課税貨物の種類に応じて、申告納税方式又は賦課課税方式となります。

課税貨物を引き取ろうとする者は、所定の事項を記載した申告書を税関長に提出し、消費税を納付しなければなりません（消法47①②、49）。

⑴　特例申告

引取りに係る課税貨物につき、関税の特例申告（関税法7の2②）を行う場合には、その課税貨物に係る申告書の提出期限は、その課税貨物の引取りの日の属する月の翌月末日となります（消法47③）。

⑵　納期限の延長

申告納税方式が適用される課税貨物を保税地域から引き取ろうとする者が、その納期限に関し、延長を受けたい旨の申請書を提出し、かつ、担保を提供したときは、税関長は、その納期限を三月以内（特例申告については二月以内）に限り延長することができます（消法51）。

 **Q & A**

Q 非居住者の納税義務はどうなりますか。

A 資産の譲渡等を行う事業者が非居住者であっても、国内において行われる資産の譲渡等は、その非居住者が事業者である限り、課税の対象となります（消基通5−1−11）。

この場合には、その非居住者が消費税の納税義務者となり、国内において貸付けを行っている不動産の所在地等所定の場所を納税地として、

消費税の申告を行うこととなります（消令43）。

　なお、消費税における非居住者は、外国為替及び外国貿易法6条1項6号に規定する非居住者であり、外国法人であっても、国内に支店や事務所等を有する場合には、その支店等は非居住者ではなく居住者とみなされます（消基通7-2-15）。

Q 企業の従業員団体も消費税の納税義務者となりますか。

A 　事業者の役員や従業員等で組織する従業員団体が行う事業については、次の区分により、その事業の全部又は一部をその事業者が行ったものとされます（消基通1-2-4）。

　また、課税仕入れ等については、その団体の課税仕入れ等が、事業者から拠出された部分と構成員から収入した会費等の部分とであん分する等、適正に区分されている場合には、その適正な区分に従って、事業者が行った課税仕入れの額とします（消基通1-2-5）。

区　分	納税義務者
事業経費の相当部分をその事業者が負担し、かつ、次のいずれかに該当する場合　① 従業員団体の役員が、その事業者の役員又は使用人等のあて職となっていること　② 従業員団体の行う事業の運営にその事業者が参画していること　③ 施設の大部分をその事業者が提供していること	その事業の全部についてその事業者が納税義務者となる
事業者が行った部分と従業員団体が行った部分とが適正に区分されている場合	その区分された部分について事業者又は従業員団体が納税義務者となる

Q 人格のない社団等と任意組合とは消費税の取扱いが違うのですか。

A 　法律上の人格を持たない任意の組織は、大きくは、民法上の任意の組合（以下「任意組合」といいます）と、人格のない社団等とに分類することができます。

　税法上、人格のない社団等は法人とみなされ、それ自体が事業者として納税義務者になります。他方、任意組合である場合にはその組合自体は消費税の納税義務者とならず、任意組合が行った資産の譲渡等や課税仕入れについては、任意組合の構成員がその出資の割合又は利益の分配割合に対応する部分に応じて行ったものとなります。この取扱いを一般にパススルー課税といいます。

　したがって、その組織が人格のない社団等であるか任意組合であるかは、課税上の重要な判断です。

Q 人格のない社団等はどのように判断するのですか。

A 　人格のない社団等は法人とみなされ、消費税の納税義務者となります（消法7）。

　人格のない社団等は、法人税法においても法人とみなすものとされており、法人税及び消費税の納税義務者となります。

　人格のない社団等とは、法人でない社団又は財団で代表者又は管理人の定めがあるものをいいます（消法2①七）。

　ここにいう「代表者又は管理人の定めがあるもの」とは、社団又は財団の定款、寄附行為、規則、規約等によって代表者又は管理人が定められている場合のほか、社団又は財団の業務に係る契約を締結し、その金銭、物品等を管理する等の業務を主宰する者が事実上あることをいうものです。したがって、法人でない社団又は財団が資産の譲渡等を行う場合には、必ず代表者又は管理人の定めがあるものに該当します（消基通1–2–3）。

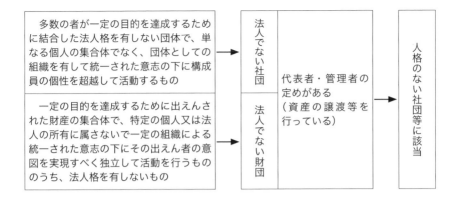

　最高裁昭和39年10月15日判決は、次の要件を満たすものがこれに該当するものと判示しています。

法人でない社団
①　共同の目的のために結集した人的結合体であって
②　団体としての組織を備え
③　多数決の原理が行われ
④　構成員の変更にもかかわらず、団体そのものが存続し
⑤　その組織によって、代表の方法、組合の運営、財産の管理その他団体として主要な点が確定しているもの

Q 任意組合はどのように判断するのですか。

A 　民法上の任意組合は、民法667条（組合契約）から688条の内容に規定された組合をいい、複数の者が、共通の目的のため出資（労務出資が可能）をして共同事業を営む契約によって作られた組合をいい、構成員の変更が予定されていないところが、人格ない社団等との違いとしてあげられる大きな特徴です。

　民法上の組合契約を結んでいても、人格のない社団等の条件を満たしたものについては、人格のない社団等としての取扱いを受ける可能性があるため、その契約の形式にかかわらず、実態に即した判断が必要です。

　民法上の任意組合には、パススルー課税が適用されます。

Q パススルー課税とはどのようなしくみですか。

A　　パススルー課税とは、構成員課税ともいわれ、事業体自体には課税せず、その構成員に対して直接課税する制度です。

　ジョイントベンチャーなどの共同事業は、一般に民法上の任意組合に該当し、パススルー課税が原則です。

　共同事業として行う資産の譲渡等又は課税仕入れ等については、その共同事業の構成員が、事業の持分の割合又は利益の分配割合に対応する部分につき、それぞれ資産の譲渡等又は課税仕入れ等を行ったことになります（消基通1–3–1）。

　この場合、原則として、共同事業として資産の譲渡等を行った時に各構成員が資産の譲渡等を行ったこととなります。ただし、各構成員において、共同事業の計算期間（1年以内のものに限ります）の終了する日に資産の譲渡等及び課税仕入れ等を行ったものとすることもできます（消基通9–1–28）。この取扱いは、各構成員の計算の便宜を考慮し、法人税基本通達14–1–1の2《任意組合等の組合事業から受ける利益等の帰属の時期》を準用したものです。

第Ⅰ部
納税義務編

第2章

納税義務の免除

Ⅰ　趣旨と概要

　消費税は、事業者を納税義務者とし、消費者が税の負担者となることを予定して設計された間接税です。したがって、すべての事業者が適正な申告納税を行うことを原則としていますが、小規模事業者については、その事務負担に配慮するため、消費税の納税義務を免除することとされています。

　小規模事業者は納税額が少額であり税収への影響が少ないことから、納税義務を免除することによって税務執行のコストを節減することができるというメリットもあります。

　一般に、納税義務が免除される事業者を「免税事業者」と、納税義務がある事業者を「課税事業者」といいます。

Ⅱ　小規模事業者の判定

　小規模事業者であるかどうかは、その課税期間の基準期間における課税売上高及び特定期間における課税売上高が1000万円以下であるかどうかにより判断します（消法9①、9の2①）。

※　特定期間における課税売上高による判定は、消費税法9条の2において、「前年又は前事業年度等における課税売上高による納税義務の免除の特例」と題して、納税義務の免除の特例と位置づけられていますが、本書においては、基準期間における課税売上高による判定と並列にして解説しています。

1. 過去の実績による判定

　法人においては、原則として、その事業年度の前々事業年度が基準期間となり、前事業年度開始の日以後六月の期間が特定期間となります（消法2①十四、9の2④）。

　事業規模の測定を課税売上高によって行うならば、その課税期間にお

いて生じた課税売上高を見るべきと考えられますが、しかし、納税義務の有無は、「その課税期間」でなく、「基準期間」又は「特定期間」という過去の課税売上高により判定することとされています。これは、消費税は事業者が販売する商品やサービスの価格に含まれて転嫁していくものであることから、また、課税事業者となる場合には法に定められた帳簿の記載を行うこととなることから、その課税期間に課税事業者となるかどうかを、特に免税事業者から課税事業者となる場合には、事業者自身が事前にこれを予知しておく必要があるため、と説明されています。さらに、課税事業者の選択や簡易課税制度の選択については、その課税期間が開始する前に届出書を提出することとされており、事前の準備が必要です。

　このような理由から、消費税の納税義務の有無は、その課税期間の課税売上高の大きさに関係なく、過去の課税売上高により判定することとされています。

【事業年度が1年の3月末決算法人である場合】

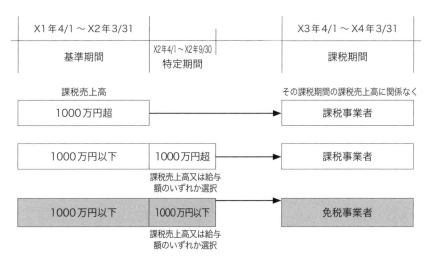

2. 免税点の沿革

　消費税法創設の当時は、基準期間における課税売上高が3000万円以下である事業者を免税事業者とするものとしていました。

　平成15年の改正においてその基準が1000万円に引き下げられ、平成23年6月の改正により特定期間における課税売上高による判定が設けられました。

区　分		免　税　点
個人事業者…	平成16年まで	基準期間における課税売上高3000万円以下
法人…………	平成16年3月31日までに開始する事業年度	
個人事業者…	平成17年から平成24年まで	基準期間における課税売上高1000万円以下
法人…………	平成16年4月1日から平成24年12月31日までの間に開始する事業年度	
個人事業者…	平成25年以後	基準期間における課税売上高1000万円以下 かつ
法人…………	平成25年1月1日以後に開始する事業年度	特定期間における課税売上高1000万円以下

 ## 法人の基準期間における課税売上高

1. 法人の基準期間

　法人の基準期間は、その事業年度の前々事業年度です（消法2①十四）。したがって、法人の設立第1期及び第2期には、基準期間は存在しません。

　前々事業年度が1年未満である法人については、その事業年度開始の日の2年前の日の前日から1年を経過するまでの間に開始した各事業年度を合わせた期間が基準期間となります。

　基準期間は、課税期間の短縮特例を適用している場合においてもその判定が統一されるよう、課税期間ではなく、事業年度を基礎に規定されています。

法人の基準期間	
原則	前々事業年度
前々事業年度が1年未満である場合	その事業年度開始の日の2年前の日の前日から1年を経過する日までの間に開始した各事業年度を合わせた期間

※ 事業年度開始の日の2年前の日の前日

　たとえば、法人税法57条3項においては、「事業年度開始の日の5年前の日」は、事業年度開始の日（X6年4月1日）の5年前の応当日（X1年4月1日）であると解されています。

　しかし、消費税法においては、「事業年度開始の日の2年前の日」は、事業年度開始の日（X3年4月1日）の2年前の応当日（X1年4月1日）ではなく、X1年4月2日であると解されおり、X1年4月1日は、「事業年度開始の日の2年前の日の前日」と規定されています。

　この規定ぶりは、合併又は分割があった場合の納税義務の免除の特例の判定においても、解釈のための重要なルールになっています。

2. 法人の基準期間における課税売上高

　基準期間における課税売上高は、基準期間中に国内において行った課税資産の譲渡等の対価の額の合計額から、基準期間中に課税資産の譲渡等について行った売上げに係る対価の返還等の金額の合計額を控除した残額です（消法9②、消基通1-4-5）。

　課税資産の譲渡等とは、資産の譲渡等のうち、国内において行った非課税資産の譲渡等以外のものをいいます（消法2①九）。したがって、輸出免税の適用を受けるものは、課税資産の譲渡等に該当します（課税標準額に算入されません）。

(1) 基準期間が課税事業者であった場合

　基準期間において課税事業者であった場合は、課税資産の譲渡等の対価の額は、消費税及び地方消費税を含まない金額となります。

　課税売上げに係る売上対価の返還等の金額についても、原則として税抜きの金額としますが、免税事業者であった課税期間において行った課税資産の譲渡等について、課税事業者となった基準期間において売上げに係る対価の返還等を行った場合には、その返還した対価については、

税抜きの処理は行わず、返還した金銭等の全額を基準期間の課税資産の譲渡等の対価の額の合計額から控除します（消基通14-1-6）。

区分	基準期間における課税売上高		
基準期間が課税事業者	課税売上高（税抜き）　＋　免税売上高	−	売上対価の返還等の金額（原則として税抜き）

⑵　基準期間が免税事業者であった場合

　基準期間において免税事業者であった場合には、その取引額に消費税及び地方消費税は含まれていないと解されます。したがって、基準期間における課税売上高の算定にあたっては、国内において行った課税資産の譲渡等に伴って収受し、又は収受すべき金銭等の全額がその事業者のその基準期間における課税売上高となります（消基通1-4-5）。税抜きの計算は行いません。

区分	基準期間における課税売上高		
基準期間が免税事業者	課税売上高（税抜きしない）　＋　免税売上高	−	売上対価の返還等の金額（税抜きしない）

⑶　基準期間が1年でない場合

　法人の基準期間が1年でない場合は、基準期間中に国内において行った課税資産の譲渡等の対価の額から売上げに係る対価の返還等の金額の合計額を控除した残額（上記⑴又は⑵により計算した金額）を12ヶ月に換算（その基準期間に含まれる事業年度の月数の合計数で除し12を乗じて算出）した金額となります（消法9②二）。

　この場合、月数は、暦に従って計算し、1ヶ月に満たない端数があるときは、これを1ヶ月とします（消法9③）。

基準期間が1年でない法人	上記⑴又は⑵により計算した金額 ÷ 基準期間の月数 × 12

IV 個人事業者の基準期間における課税売上高

1. 個人事業者の基準期間

　個人事業者の基準期間は、その年の前々年です（消法2①十四）。

　基準期間は、課税期間の短縮特例を適用している場合においてもその判定が統一されるよう、課税期間ではなく、年を基礎に規定されています。

　個人事業者の基準期間は暦によるため、基準期間がないということはありません。たとえば、事業を開始した年においても、その事業を行っていなかった前々年が基準期間となります。

個人事業者の基準期間	→	その年の前々年

2. 個人事業者の基準期間における課税売上高

　基準期間における課税売上高は、法人と同様に計算します（消法9②）。

　ただし、個人事業者においては、事業の開始の日にかかわらず、基準期間は前々年の1年となるので、基準期間が1年でないということはなく、その売上高を12ヶ月に換算するという取扱いはありません。

(1)　基準期間における課税売上高の算定単位

　基準期間における課税売上高は、事業者単位で算定します。

　たとえば、事業所得となる物品販売業と不動産所得となる建物の賃貸とを行っている場合のように、一の事業者が異なる種類の事業を行う場合や、2以上の事業所を有している場合であっても、それらの事業又は事業所における課税資産の譲渡等の対価の額の合計額により基準期間における課税売上高を算定します（消基通1-4-4）。

(2)　個人事業者の所得区分に変更があった場合

　所得税においては、所得の源泉や性質によって異なる担税力を考慮す

るため、課税所得金額は、10種類の各種所得に区分して計算します。

　しかし、消費税においてはこのような所得区分の考え方はありません。その課税期間の納税義務を判定する基準期間における課税売上高は、所得区分の違いや事業内容の変化にかかわりなく計算することとされています。

　たとえば、基準期間には物品販売等の事業を行っていたものの、現在はその物品販売業を廃業して不動産貸付けだけを行っているような場合、基準期間における課税売上高の計算の基礎となった事業所得の売上高とその課税期間の不動産所得の売上高とには関連がなく、その課税期間の不動産の貸付けの規模を基準期間の物品販売業の売上高によって判断するのは、合理的でないようにも思えます。しかし、このような場合であっても、基準期間における課税売上高が1000万円を超えている場合には、その課税期間は課税事業者となり、不動産の貸付けについて消費税の納税義務は免除されません。

Ⅴ　特定期間における課税売上高

1. 法人の特定期間

⑴　原　則

　法人の特定期間は、その事業年度の前事業年度の開始の日以後六月の期間です（消法9の2④二）。

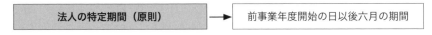

| 法人の特定期間（原則） | → | 前事業年度開始の日以後六月の期間 |

●具体例

【3月末決算法人である場合】

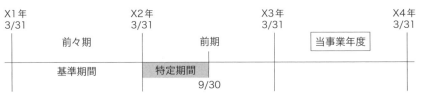

　当事業年度の特定期間は、前事業年度開始の日から六月の期間（X2年4月1日～9月30日）です。

(2)　六月の期間の特例

　法人の特定期間となる六月の期間の末日は、その前事業年度の終了の日に合わせることとされています（消法9の2⑤）。

　前事業年度終了の日が月の末日である場合において、六月の期間の末日が月の末日でないときは、六月の期間の末日の属する月の前月末日が六月の期間の末日とみなされます（消法9の2⑤、消令20の6①一）。

　前事業年度終了の日が月の末日でない場合において、六月の期間の末日が前事業年度の終了応当日でないときは、その六月の期間の末日の直前の終了応当日が六月の期間の末日とみなされます（消法9の2⑤、消令20の6①二）。

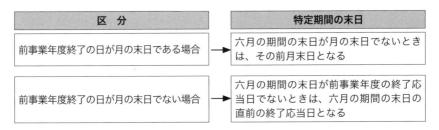

区　分	特定期間の末日
前事業年度終了の日が月の末日である場合	六月の期間の末日が月の末日でないときは、その前月末日となる
前事業年度終了の日が月の末日でない場合	六月の期間の末日が前事業年度の終了応当日でないときは、六月の期間の末日の直前の終了応当日となる

※　前事業年度の終了応当日
　　暦の上で他の年、他の月の同じ位置にある日をその日に応当する日（応当日）といいます。
　　「前事業年度の終了応当日」とは、その前事業年度終了の日に応当するその前事業年度に属する各月の日です（消令20の6①二）。
※　六月の期間の末日後に決算期を変更した場合は、その変更前のものでこの特例の適用の有無を判定します（消令20の6①）。

●具体例

【3月末決算法人を8月10日に設立した場合】

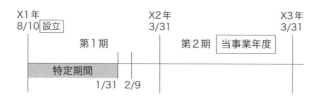

　X1年8月10日から六月の期間の末日はX2年2月9日ですが、六月の期間の特例により、X2年1月31日に調整されます。したがって、第2期の特定期間は、X1年8月10日からX2年1月31日までの期間となります。

【3月20日決算法人を8月1日に設立した場合】

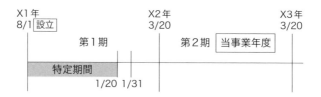

　X1年8月1日から六月の期間の末日はX2年1月31日ですが、六月の期間の特例により、X2年1月20日に調整されます。したがって、第2期における特定期間は、X1年8月1日からX2年1月20日までの期間となります。

⑶　前事業年度が短期事業年度である場合

　特定期間における課税売上高の計算にあたっては、その算定を行うための期間として、2ヶ月を要するという前提が置かれています。したがって、その事業年度の前事業年度が、2ヶ月の計算期間を確保できない短期事業年度である場合には、その前事業年度に特定期間を設定することはできず、次のいずれかとなります。

　①　特定期間が存在しない

② 前々事業年度の開始の日以後六月の期間が特定期間となる

① 特定期間が存在しない場合

「前事業年度が短期事業年度に該当し、前々事業年度が基準期間等に該当する場合」には、特定期間は存在せず、特定期間における課税売上高による判定は行いません（消法9の2④三、消令20の5①②）。

前事業年度が短期事業年度に該当	通常は →	その事業年度の特定期間は存在しないこととなる

　その課税期間の納税義務の有無を判断するため、特定期間における課税売上高は、その課税期間が開始するまでに算出する必要があります。そこで、その事業年度の前事業年度がその計算を行うための2ヶ月を確保することができない短期事業年度である場合には、その事業年度の前々事業年度開始の日から六月の期間を特定期間とする特例が設けられています（消法9の2④三）。

　ただし、特定期間における課税売上高によって納税義務の有無の判断を行うのは、基準期間における課税売上高が1000万円以下の場合ですから、前々事業年度のうち基準期間に該当するもの等は、特定期間となる事業年度の対象から除かれています。

　したがって通常の場合、前々事業年度は基準期間となるので、前事業年度が短期事業年度である場合には、その事業年度の特定期間は存在しないこととなります。

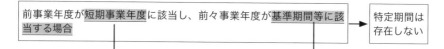

前事業年度が短期事業年度に該当し、前々事業年度が基準期間等に該当する場合　→　特定期間は存在しない

短期事業年度

① その事業年度の前事業年度で７月以下であるもの
② その事業年度の前事業年度で特定期間となるべき六月の期間の末日（六月の期間の特例適用後）の翌日からその前事業年度終了の日までの期間が二月未満であるもの

※ 短期事業年度は、六月の期間の後、当事業年度が開始するまでに売上高を集計する期間として２ヶ月が確保できません。

基準期間等に該当する場合

① 前々事業年度がその事業年度の基準期間に含まれる場合
② 前々事業年度開始の日以後六月の期間の末日（六月の期間の特例適用後）の翌日から前事業年度終了の日までの期間が二月未満である場合
③ 前々事業年度が六月以下で前事業年度が二月未満である場合

※ 基準期間と特定期間が重複することはありません。
※ ②③は、前々事業年度開始の日以後六月の期間を特定期間とした場合に、その売上高を集計する期間として２ヶ月が確保されないものです。

●具体例

【設立第１期が７ヶ月である場合】

　前事業年度（第１期）は７ヶ月以下の短期事業年度です。当事業年度は第２期であるため前々事業年度がないので、当事業年度において特定期間は存在しません。

【設立第１期が７ヶ月以上８ヶ月未満である場合】

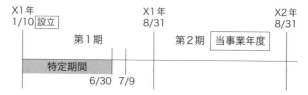

　X1年1月10日から六月の期間の末日はX1年7月9日ですが、六月の期間の特例により、X1年6月30日に調整されます。第1期は8ヶ月未満ですが、六月の期間の特例によりその後2ヶ月が確保されることになるので、短期事業年度ではありません。第2期における特定期間は、X1年1月10日からX1年6月30日までの期間となります。

【事業年度を変更して前事業年度が7ヶ月となった場合】

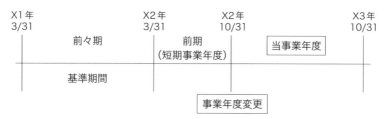

　前事業年度は7ヶ月以下の短期事業年度であり、前々事業年度は当事業年度の基準期間です。したがって、当事業年度において特定期間は存在しません。

【六月の期間の末日の前に事業年度を変更して前事業年度が7ヶ月以上8ヶ月未満となった場合】

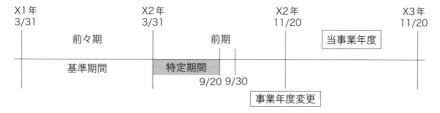

　X2年4月1日から六月の期間の末日はX2年9月30日ですが、<u>この日の前</u>に事業年度を変更した場合には、六月の期間の特例により、六月の期間の末日は変更後の事業年度にあわせてX2年9月20日に調整されます。その後、事業年度終了の日までに2ヶ月の期間が確保されるので、前事業年度は短期事業年度ではありません。したがって、当事業年度の特定期間は、X2年4月1日からX2年9月20日までの期間となります。

【六月の期間の末日の後に事業年度を変更して前事業年度が７ヶ月以上８ヶ月未満となった場合】

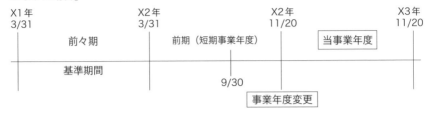

　X2年４月１日から六月の期間の末日はX2年９月30日です。この日の後に事業年度を変更しても六月の期間の特例は適用がなく、その後、事業年度終了の日までに２ヶ月の期間が確保されないので、前事業年度は短期事業年度となります。７ヶ月を超える前事業年度が短期事業年度となるのは、このような特殊なケースです。

　なお、前々事業年度は当事業年度の基準期間ですから、当事業年度において特定期間は存在しません。

> 結論　→　通常の場合、１年決算法人の前事業年度が７ヶ月以下であるときは、特定期間における課税売上高による判定は、適用除外となる。

②　前々事業年度開始の日以後六月の期間が特定期間となる場合

　非常にレアケースですが、前事業年度が短期事業年度に該当する場合で、前々事業年度が基準期間等でないときは、その事業年度の前々事業年度開始の日から六月の期間が特定期間となります（消法９の２④三）。

　６ヶ月決算法人は、これに該当します。１年決算法人においては、連続して事業年度を変更した場合や設立第２期において事業年度を変更した場合には、これに該当する可能性があります。

　なお、六月の期間の末日は、前事業年度の場合と同様に、六月の期間の特例によりその事業年度終了の日にあわせて調整されます（消法９の２⑤、消令20の６②）。

　また、前々事業年度が６ヶ月以下の場合には、その前々事業年度開始の日からその終了の日までの期間が特定期間となります（消法９の２④三、⑤、消令20の６②）。

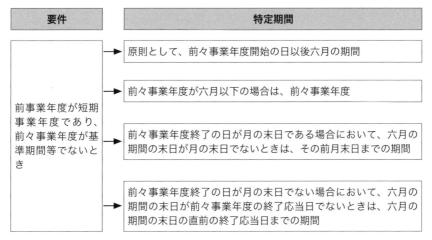

要件	特定期間
前事業年度が短期事業年度であり、前々事業年度が基準期間等でないとき	原則として、前々事業年度開始の日以後六月の期間
	前々事業年度が六月以下の場合は、前々事業年度
	前々事業年度終了の日が月の末日である場合において、六月の期間の末日が月の末日でないときは、その前月末日までの期間
	前々事業年度終了の日が月の末日でない場合において、六月の期間の末日が前々事業年度の終了応当日でないときは、六月の期間の末日の直前の終了応当日までの期間

※　前々事業年度の終了応当日

　　暦の上で他の年、他の月の同じ位置にある日をその日に応当する日（応当日）といいます。

　　「前々事業年度の終了応当日」とは、その前事業年度終了の日に応当するその前事業年度に属する各月の日です（消令20の6②二）。

※　六月の期間の末日後に決算期を変更した場合は、その変更前のものでこの特例の適用の有無を判定します（消令20の6②）。

●具体例

【一年決算法人が連続して事業年度を変更した場合】

　前々事業年度が1年未満であるため、その事業年度開始の日の2年前の日の前日から1年を経過するまでの間に開始した各事業年度を合わせた期間が基準期間となります。したがって、第2期が当事業年度の基準期間となります。

　当事業年度の前事業年度が短期事業年度ですから、六月の期間の特例により、前々事業年度（第3期）が特定期間となります。

　このように、1年決算法人においては、連続して事業年度を変更した場合や設立2期目に事業年度を変更した場合に前々事業年度が特定期間となる可能性が生じます。

　なお、このケースにおいて特定期間は4ヶ月ですが、その間の売上高を6ヶ月相当額に換算する旨の規定はありません。

> | 結論 | → | 6ヶ月決算法人は、前々事業年度が特定期間となる（Q&A参照）。 |
> |---|---|---|
>
> 1年決算法人は、連続して決算期を変更した場合や設立2期目に決算期を変更した場合に、前々事業年度が特定期間となる可能性がある。

2. 個人事業者の特定期間

　個人事業者の特定期間は、その年の前年1月1日から6月30日までの期間です（消法9の2④一）。

　個人事業者の特定期間は、暦の上の日を指して規定されています。たとえば、前年の中途において開業した場合であっても、1月1日から6月30日までの期間が特定期間となります。

個人事業者の特定期間	→	前年1月1日から6月30日までの期間

3. 特定期間における課税売上高

⑴ 原　則

　特定期間における課税売上高は、特定期間中に国内において行った課税資産の譲渡等の対価の額の合計額から、特定期間中に課税資産の譲渡等について行った売上げに係る対価の返還等の金額の合計額を控除した残額です（消法9の2②）。

区分	基準期間における課税売上高		
特定期間が 課税事業者	課税売上高 （税抜き） ＋ 免税売上高	－	売上対価の返還等の金額 （原則として税抜き）
特定期間が 免税事業者	課税売上高 （税込み） ＋ 免税売上高	－	売上対価の返還等の金額 （原則として税込み）

　特定期間における課税売上高の計算は、原則として、基準期間における課税売上高の計算と同じです。

　ただし、基準期間における課税売上高は、基準期間が1年でない場合には12ヶ月相当額に換算しますが、特定期間における課税売上高は、特定期間が6ヶ月でない場合であっても6ヶ月相当額に換算する規定はありません。

　また、特定期間における課税売上高は、次に掲げるとおり特定期間中に支払った給与の額によることもできます。

⑵　給与支給額による判定

　特定期間中に支払った給与等の金額の合計額をもって、特定期間における課税売上高とすることができます（消法9の2③）。

　「給与等」とは、所得税法28条1項に規定する給与等です（消法9の2③、所法226①）。俸給、給料、賃金、賞与その他これらの性質を有する給与で（所法28①）、その支払いを受ける者において、給与所得の収入金額となるものをいい、「給与等の金額」とは、所得税法施行規則100条1項1号に規定する支払明細書に記載すべき給与等の金額をいいます。したがって、所得税の課税対象とされる給与、賞与等が該当し、所得税が非課税とされる通勤手当、旅費等は該当せず、未払額は含まれません（消基通1-5-23）。

　給与等の金額の合計額をもって特定期間における課税売上高とすることに、なんらの要件はありません。

基準期間	特定期間		判定
基準期間における課税売上高が1000万円以下	課税売上高が1000万円以下	給与等の金額の合計額が1000万円以下	免税事業者
		給与等の金額の合計額が1000万円超	免税又は課税いずれの判断も可能
	課税売上高が1000万円超	給与等の金額の合計額が1000万円以下	
		給与等の金額の合計額が1000万円超	課税事業者
1000万円超	―		

Ⅵ 届　出

　事業者は、次に該当することとなった場合には、その旨を記載した届出書を速やかに納税地を所轄する税務署長に提出しなければなりません（消法57①）。

区　　分	届出書
基準期間における課税売上高が1000万円を超えることとなった場合	消費税課税事業者届出書（基準期間用）
特定期間における課税売上高が1000万円を超えることとなった場合	消費税課税事業者届出書（特定期間用）
基準期間における課税売上高が1000万円以下となった場合	消費税の納税義務者でなくなった旨の届出書

39頁の「課税事業者選択届出書」と間違えないように、注意してください。

Ⅶ Q&A

Q 前々事業年度が1年未満である場合の基準期間はどうなりますか。

A 前々事業年度が1年でない場合には、その事業年度開始の日の2年前の日の前日から同日以後1年を経過する日までの間に開始した各事業年度を合わせた期間が、基準期間となります（消法2①十四）。
　したがって、上記の例では②（X1年10月1日）から③（X2年9月30日）

までの間に開始した前々事業年度が基準期間となります。

　この場合、基準期間が1年でないため、基準期間における課税売上高は、前々事業年度の課税売上高を12ヶ月に換算した金額となります。

Q 6ヶ月決算法人の基準期間及び特定期間はどうなりますか。

A 　6ヶ月決算法人の基準期間における課税売上高及び特定期間における課税売上高は、次のようになります。

なお、すべて課税事業者を選択していないものとして、解説しています。

①　第1期及び第2期

第1期及び第2期には、基準期間も特定期間もありません。

　なお、基準期間がない事業年度においては、新設法人に該当する場合又は新規設立法人に該当する場合には課税事業者となります。

　また、合併又は分割により設立された法人である場合には、それぞれの特例による判定を行う必要があります。

②　第3期

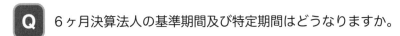

X1年11/10	X2年4/1	X2年10/1	X3年4/1	X3年10/1	X4年4/1	X4年10/1
第1期（免税事業者）	第2期（免税事業者）	第3期 当事業年度	第4期	第5期	第6期	
課税売上高 400万円						
特定期間						

設立

　第3期の前々事業年度である第1期は、1年未満です。したがって、第3期の開始の日（X2年10月1日）の2年前の日の前日から1年を経過する日までの間に開始した各事業年度を合わせた期間が基準期間となりますが、この期間に開始した事業年度はないので、第3期に基準期間はありません。

　また、第3期の前事業年度が短期事業年度であるため、第1期が第3期の特定期間となります。

第3期は、基準期間がなく、特定期間における課税売上高が1000万円以下であるため、免税事業者となります。

③ 第4期

X1年 11/10	X2年 4/1	X2年 10/1	X3年 4/1	X3年 10/1	X4年 4/1	X4年 10/1

第1期 （免税事業者）	第2期 （免税事業者）	第3期 （免税事業者）	第4期 当事業年度	第5期	第6期
課税売上高 400万円	課税売上高 500万円				
基準期間	特定期間				

設立

第4期の前々事業年度である第2期は、1年未満です。したがって、第4期の開始の日（X3年4月1日）の2年前の日の前日（X1年4月1日）から1年を経過する（X2年3月31日）までの間に開始した各事業年度を合わせた期間（第1期）が、第4期の基準期間となります。

この場合、基準期間が5ヶ月であるため、第1期の課税売上高を12ヶ月に換算した金額が基準期間における課税売上高となります（消法9②二）。なお、基準期間において免税事業者であった場合には、課税資産の譲渡等の対価の額について、税抜処理はしません。第4期の基準期間における課税売上高は、1000万円以下（400万円÷5×12＝960万円）です。

また、第4期の前事業年度は短期事業年度であり、第2期が特定期間となります。特定期間における課税売上高は1000万円以下です。

したがって、第4期は、免税事業者となります。

④ 第5期

X1年 11/10	X2年 4/1	X2年 10/1	X3年 4/1	X3年 10/1	X4年 4/1	X4年 10/1

第1期 （免税事業者）	第2期 （免税事業者）	第3期 （免税事業者）	第4期 （免税事業者）	第5期 当事業年度	第6期
課税売上高 400万円	課税売上高 600万円	課税売上高 400万円			
	基準期間	特定期間			

設立

　第5期の前々事業年度である第3期は、1年未満です。したがって、第5期の開始の日（X3年10月1日）の2年前の日の前日（X1年10月1日）から1年を経過する（X2年9月30日）までの間に開始した各事業年度を合わせた期間（第1期及び第2期）が、第5期の基準期間となります。

　この場合、基準期間が11ヶ月であるため、基準期間における課税売上高は、第1期及び第2期の課税売上高を12ヶ月に換算し、10,909,090円（(400万円＋600万円)÷11×12＝10,909,090円）となります。

　したがって、第5期は、特定期間における課税売上高を見るまでもなく、課税事業者となります。

⑤　**第6期**

X1年 11/10	X2年 4/1	X2年 10/1	X3年 4/1	X3年 10/1	X4年 4/1	X4年 10/1
第1期 （免税事業者）	第2期 （免税事業者）	第3期 （免税事業者）	第4期 （免税事業者）	第5期 （課税事業者）	第6期 当事業年度	
課税売上高 400万円	課税売上高 600万円	課税売上高 400万円	課税売上高 1100万円			
	基準期間					

設立

　第6期の前々事業年度である第4期は、1年未満です。したがって、第6期の開始の日（X4年4月1日）の2年前の日の前日（X2年4月1日）から1年を経過する（X3年3月31日）までの間に開始した各事業年度を合わせた期間（第2期及び第3期）が、第6期の基準期間となります。基準期間における課税売上高は、1000万円以下（600万円＋400万円＝1000万円）です。

　また、第6期の前事業年度が短期事業年度であるため、第4期が特定期間となります。特定期間における課税売上高が1000万円を超えているので、第6期は課税事業者となります。

Q 基準期間に課税事業者であった期間と免税事業者であった期間が含まれている場合、基準期間における課税売上高はどのように計算しますか。

A 基準期間に課税事業者であった期間と免税事業者であった期間が含まれている場合、課税事業者であった期間については税抜き処理をして消費税及び地方消費税を含まない金額により、免税事業者であった課税期間については税抜き処理をしない金額によります。

X1年 4/1	X1年 10/1	X2年 4/1		X3年 4/1		X4年 4/1
前前々事業年度 （免税事業者）	前々事業年度 （課税事業者）	前事業年度		当事業年度		
課税売上高 600万円	課税売上高 440万円					
基準期間						

　この事例では、基準期間における課税売上高は、次のように計算します。

① 　600万円

② 　440万円 $\times \dfrac{100}{110}$ ＝400万円

③ 　（①＋②）＝1000万円

Q 基準期間における課税売上高には、みなし譲渡の規定により課税標準額に算入した売上高が含まれますか。

A 基準期間における課税売上高は、確定申告を行う際の課税標準額の計算を基礎に、課税資産の譲渡等の対価の額から、売上対価の返還等の金額を控除して計算するものとされているので、次のものが含まれます（消法9②、消基通1-4-2）。

・個人事業者が事業用資産を家事消費した場合にみなし譲渡の規定により売上高とすべき金額

・法人が自社の役員に資産を贈与した場合にみなし譲渡の規定により売上高とすべき金額

・法人が自社の役員に著しく低い価額で資産を譲渡した場合に低額譲

渡の規定により売上高とすべき金額

- 後に売上対価の返還等が生じた売上高（売上対価の返還等が生じた課税期間の課税売上高から控除する）
- 後に貸倒れの事実が生じた売上高
- 輸出免税の取扱いを受ける売上高

　なお、非課税資産の輸出等を行った場合にこれを課税資産の譲渡等とみなす取扱いは、控除対象仕入税額を計算するにあたっての特例であるため、その対価の額は、基準期間における課税売上高に含まれません（消基通1−4−2）。

Q 給与の金額を特定期間における課税売上高とする場合、未払の給与は含まれますか。

A 　特定期間における課税売上高による納税義務の判定においては、特定期間における課税売上高に代えて、特定期間中に支払った給与等の金額によることができることとされています（消法9の2③）。この場合の「特定期間中に支払った給与等の金額」は、所得税法231条1項に規定する支払明細書に記載するべき給与等の金額です（消法9の2③）。したがって、未払いの金額は含まれません。

Q 給与の金額を特定期間における課税売上高とする場合、非居住者に支払った給与は含まれますか。

A 　特定期間における課税売上高による納税義務の判定においては、特定期間における課税売上高に代えて、特定期間中に支払った所得税法231条1項に規定する支払明細書に記載するべき給与等の金額によることができることとされています（消法9の2③）。

　所得税法231条1項は、「居住者に対し国内において給与等、退職手当等又は公的年金等の支払をする者は、財務省令で定めるところにより、その給与等、退職手当等又は公的年金等の金額その他必要な事項を記載した支払明細書を、その支払を受ける者に交付しなければならない。」としており、非居住者に対して支払った給与等の金額は含まれません。

第**3**章

納税義務の免除の特例

Ⅰ　趣旨と概要

　小規模事業者にも還付申告の機会を与える、あるいは、小規模事業者の特例としての制度の趣旨に反して大規模の事業者が納税義務の免除の規定の適用を受けることを防ぐといった目的から、納税義務の免除には、次のような特例が設けられています。

区　分	納税義務の免除の特例が設けられている理由
課税事業者を選択した場合	小規模事業者に還付申告の機会を与えるため（2年間継続適用）
新設法人である場合 （資本金の額で判定）	新たに設立した基準期間がない法人についても、無条件に免税事業者としないため
特定新規設立法人である場合 （支配する者の課税売上高で判定）	大規模の事業者が新たに設立した法人において行う事業について、支配関係を考慮した判断を行うため
調整対象固定資産を取得した場合	非課税資産の譲渡等のために仕入れた固定資産に係る控除税額を適正に調整するため
高額特定資産を取得した場合 高額特定資産について棚卸資産に係る仕入税額の調整を受けた場合	大規模の事業者が趣旨に反して制度を利用することを防止するため
相続により事業を承継した場合	相続により承継・拡大した事業規模を考慮して判断するため
法人が合併した場合	合併により承継・拡大した事業規模を考慮して判断するため
法人が分割した場合	分割する前の事業規模を考慮して判断するため
法人課税信託である場合	納税事務を行う者の全体の事業規模を考慮するため

Ⅱ　課税事業者を選択した場合の特例

　課税事業者は、課税期間ごとにその課税期間の末日の翌日から二月以内に確定申告書を提出しなければならないこととされており、控除不足還付税額が計算される場合には、還付を受けるための申告書を提出する

ことができるものとされています（消法45①、46①）。

　他方、免税事業者には、仕入税額控除の規定は適用されず、輸出を行った場合や多額の課税仕入れを行った場合においても、還付を受けるための申告書を提出することができません。そこで、基準期間における課税売上高及び特定期間における課税売上高が1000万円以下であっても還付申告を行うことができるように、課税事業者となることを選択する特例が設けられています（消法9④）。

　ただし、小規模事業者が課税期間ごとに課税事業者と免税事業者とを自由に行き交って還付申告だけをするということを防止するために、課税事業者の選択は、選択不適用の届出書ができる期間を制限することにより、少なくとも2年間は継続することとされています。

1. 選択の手続き

⑴　課税事業者選択届出書の提出

　「課税事業者選択届出書」を所轄税務署長に提出した場合には、その提出をした日の属する課税期間の翌課税期間以後の課税期間中に国内において行う課税資産の譲渡等及び特定課税仕入れについては、納税義務は免除されません（消法9④）。

　この場合、その届出書に、たとえば2年後等、翌課税期間以外の課税期間を適用開始時期として記載して指定することはできません。

⑵　インボイス発行事業者の登録に係る経過措置

　免税事業者が令和5年10月1日から令和11年9月30日までの日の属する課税期間中に登録を受ける場合には、課税事業者選択届出書を提出することなく、登録申請書の提出によって登録を受けた日から課税事業者となる特例があります（平28年改法附則44④）。

　手続きの詳細については、「第Ⅲ部　インボイス制度編」を参照してください。

⑶　事業を開始した日の属する課税期間等に提出する場合

　その提出をした日の属する課税期間が事業を開始した日の属する課税期間等である場合には、原則として、その提出をした日の属する課税期間から、課税事業者の選択の適用が開始します（消法9④）。

　ただし、課税事業者の選択は、事前の届出を基本としているので、課税事業者選択届出書を提出した日の属する課税期間が事業を開始した日の属する課税期間等であっても、その翌課税期間から適用を開始することも可能です。事業を開始した日の属する課税期間等の翌課税期間から適用を開始する場合には、課税事業者選択届出書に、適用開始課税期間の初日の年月日を明確に記載しなければなりません（消基通1-4-14）。

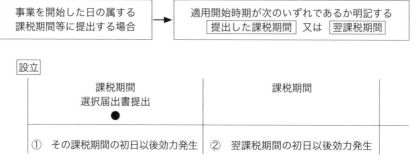

　①又は②のいずれであるかを届出書に記載します。

⑷ 事業を開始した日の属する課税期間等の範囲

　事業を開始した日の属する課税期間とは、事業者が国内において課税資産の譲渡等に係る事業を開始した日の属する課税期間をいい、課税売上げが現実に生じていなくても、事務所の設置や資材の購入、使用人の雇入れ等の準備行為を開始した課税期間は、課税資産の譲渡等に係る事業を開始した日となります。

　ただし、次の課税期間を含めて、事業を開始した日の属する課税期間等として取り扱います（消令20）。

事業を開始した日の属する課税期間等の範囲
①　事業者が国内において課税資産の譲渡等に係る事業を開始した日の属する課税期間
②　個人事業者が相続により課税事業者を選択していた被相続人の事業を承継した場合におけるその相続のあった日の属する課税期間
③　法人が吸収合併により課税事業者を選択していた被合併法人の事業を承継した場合におけるその合併があった日の属する課税期間
④　法人が吸収分割により課税事業者を選択していた分割法人の事業を承継した場合におけるその吸収分割があった日の属する課税期間

　上記の表のうち、①の「事業者が国内において課税資産の譲渡等に係る事業を開始した日の属する課税期間」とは、法人の場合には、原則として、その法人の設立の日の属する課税期間をいいます。ただし、たとえば、次の課税期間も、「課税資産の譲渡等に係る事業を開始した日の属する課税期間」になります（消基通1-4-7）。

課税資産の譲渡等に係る事業を開始した日の属する課税期間
➢　非課税資産の譲渡等に該当する社会福祉事業のみを行っていた法人が、新たに国内において課税資産の譲渡等に係る事業を開始した日の属する課税期間
➢　国外取引のみを行っていた法人が、新たに国内において課税資産の譲渡等に係る事業を開始した課税期間
➢　設立の日の属する課税期間においては設立登記を行ったのみで事業活動を行っていない法人が、その翌課税期間等において実質的に事業活動を開始した日の属する課税期間

　また、その課税期間開始の日の前日まで2年以上にわたって国内において行った課税資産の譲渡等又は課税仕入れ及び保税地域からの課税貨物の引取りがなかった事業者が課税資産の譲渡等に係る事業を再び開始した課税期間は、「課税資産の譲渡等に係る事業を開始した日の属する

課税期間」に該当します（消基通1-4-8）。

⑸　合併等があった場合

　法人が合併又は分割等により事業を承継した場合であっても、被合併法人又は分割法人が提出した課税事業者選択届出書の効力は、事業を承継した合併法人又は分割承継法人には及びません。したがって、その合併法人又は分割承継法人が課税事業者を選択しようとする場合には、新たに課税事業者選択届出書を提出する必要があります（消基通1-4-13、1-4-13の2）。

⑹　相続があった場合

　相続により事業を承継した場合であっても、被相続人が提出した課税事業者選択届出書の効力は、事業を承継した相続人には及びません。したがって、その相続人が課税事業者を選択しようとする場合には、新たに課税事業者選択届出書を提出する必要があります（消基通1-4-12）。

2. 不適用の手続き

⑴　課税事業者選択不適用届出書の提出

　課税事業者の選択をやめようとする場合又は事業を廃止した場合には、その旨を記載した届出書を納税地の所轄税務署長に提出します（消法9⑤）。

　具体的には、不適用の手続きは、次の届出書によります。

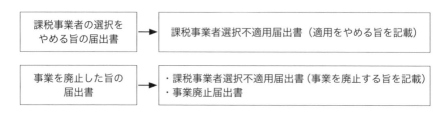

⑵　不適用となる課税期間

　課税事業者選択不適用届出書又は事業廃止届出書の提出日の属する

課税期間の翌課税期間以後は、選択届出書の効力は消滅します（消法9
⑧）。

⑶　不適用届出書の提出の制限（2年間の継続適用）

　課税事業者選択届出書は、事業を廃止した場合を除き、その適用を開
始した課税期間の初日から2年を経過する日の属する課税期間の初日以
後でなければ、提出することができません（消法9⑥）。この制限により、
課税事業者の選択は、少なくとも2年間は継続することになります。

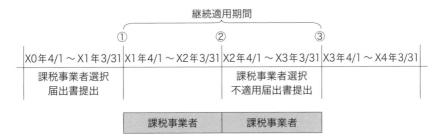

- ●課税事業者選択届出書を提出し、①（X1年4月1日）から課税事
  業者となります。
- ●課税事業者選択不適用届出書は、①から2年を経過する日の属する
  課税期間の初日である②（X2年4月1日）以後、提出することが
  できます。
- ●課税事業者選択不適用届出書を②（X2年4月1日）に提出すると、
  課税事業者選択届出書の効力は③（X3年4月1日）に消滅し、結
  果として、X1年4月1日からX3年3月31日までの2年間が継続適
  用期間となります。

⑷　調整対象固定資産の取得をした場合

　また、この継続適用期間中に、調整対象固定資産の仕入れ等を行い、
一般課税により申告した場合には、事業を廃止した場合を除き、その調
整対象固定資産の仕入れ等の日の属する課税期間の初日から3年を経過
する日の属する課税期間の初日以後でなければ、課税事業者選択不適用

届出書を提出することができません。

　この取扱いについては、「Ⅴ　調整対象固定資産を取得した場合の特例」を参照してください。

3. 届出書の提出の留意点

⑴　課税期間の末日が休日である場合

　国税に係る手続きについて、その期限が定められているものについては、その期限の日が土曜日、日曜日等の休日である場合には、その期限は翌日に延長されることとなっています（国通法10）。

　ただし、課税事業者選択届出書及び課税事業者選択不適用届出書については、その提出期限ではなく、効力の発生時期が定められているため、課税期間の末日が休日であっても、提出期限の延長の取扱いはありません。課税期間の末日が休日である場合には、その前日までに提出する必要があります。

⑵　郵送による場合

　郵便等に係る書類の提出時期については、納税申告書及びその添付書類その他国税庁長官が定める書類が郵便等により提出された場合には、その郵便物又は信書便物の通信日付印により表示された日（その表示がないとき、又はその表示が明瞭でないときは、その郵便物又は信書便物について通常要する送付日数を基準とした場合にその日に相当するものと認められる日）にその提出がされたものとみなすこととされています（国通法22）。

　課税事業者選択届出書及び課税事業者選択不適用届出書は、国税庁長官が定める書類に該当する（国税庁告示第7号　平成18年3月31日）ことから、その郵便が到着した日ではなく、発信した日が届出の日となります。

⑶　届出の取下げ

　課税事業者選択届出書は、その届出書の提出ができる日までは、取下げが可能です。

　ただし、取下げは法令に規定された法律行為ではありません。したがって、取下げ書の書式は定められていません。取下対象となる届出書が特定できるよう、提出日、届出書の様式名（表題）、提出方法（書面又はe-Tax）、届出者の氏名・名称、納税地及び提出した届出書を取り下げる旨の記載をし、署名の上、所轄の税務署までご提出ください。

⑷　災害の被災者等の特例

　災害その他やむを得ない事情がある場合の届出等の特例については、「第Ⅳ部　災害特例編」を参照してください。

Ⅲ　新設法人の特例

　その事業年度の基準期間がなく、その事業年度開始の日における資本金の額又は出資の金額が1000万円以上である法人を「新設法人」といいます（消法12の2）。新設法人は、基準期間がない課税期間においては、納税義務が免除されません（消法12の2）。

新設法人 （基準期間がなく、期首の資本金の額が1000万円以上である法人）	→	基準期間がない課税期間においては、納税義務が免除されない

　ただし、社会福祉法に規定する社会福祉法人で専ら非課税資産の譲渡等を行うことを目的として設立された法人は、新設法人に該当しません（消法12の2）。
　また、調整対象固定資産の仕入れ等をした場合の特例及び高額特定資産の仕入れ等をした場合の特例については、第5章及び第6章を参照してください。

1. 出資の金額の範囲

　「出資の金額」は、営利法人である合名会社、合資会社又は合同会社

に係る出資の金額に限らず、農業協同組合及び漁業協同組合等の協同組合に係る出資の金額、特別の法律により設立された法人で出資を受け入れることとしている法人に係る出資の金額、地方公共団体が経営する企業に係る地方公営企業法18条に規定する出資の金額、その他法人に係る出資の金額が該当します（消基通1-5-16）。

2. 新設法人の届出

　新設法人に該当することとなった事業者は、「消費税の新設法人に該当する旨の届出書」を速やかにその事業者の納税地を所轄する税務署長に提出しなければなりません（消法57②）。

　ただし、法人税法148条の規定による法人等の設立の届出書に新設法人に該当する旨等の記載がある場合には、「消費税の新設法人に該当する旨の届出書」の提出があったものとして取り扱われます（消基通1-5-20）。

3. 新設法人の簡易課税制度の適用

　新設法人に係る事業者免税点制度の適用については、その法人の資本金の額を判断の基準としますが、簡易課税制度の適用については、資本金の額により判断する旨の定めはありません。

　新設法人に該当して納税義務が免除されない場合であっても、その新設法人には基準期間がないのですから、基準期間における課税売上高は5000万円以下であり、簡易課税制度を適用することができます。

　ただし、調整対象固定資産を取得した場合等に、簡易課税制度の適用が制限される特例があります。54頁「Ⅴ 調整対象固定資産を取得した場合の特例」及び58頁「Ⅵ 高額特定資産を取得した場合等の特例」を参照してください。

Ⅳ　特定新規設立法人の特例

　新規設立法人は、その基準期間がない事業年度開始の日において、直

接又は間接に他の者に支配され、かつ、当該他の者及び当該他の者と特殊な関係にある法人のうちいずれかの者の課税売上高が5億円を超える場合には、「特定新規設立法人」となります（消法12の3①）。

　特定新規設立法人は、基準期間がない事業年度に含まれる各課税期間において、「新設法人」（基準期間がなく、期首の資本金の額が1000万円以上である法人）と同様の取扱いとなります（消法12の3）。

　なお、社会福祉法に規定する社会福祉法人その他の専ら非課税資産の譲渡等を行うことを目的として設立された法人は、特定新規設立法人に該当しません（消法12の3①）。

　また、調整対象固定資産の仕入れ等をした場合の特例及び高額特定資産の仕入れ等をした場合の特例については、Ⅴ及びⅥを参照してください。

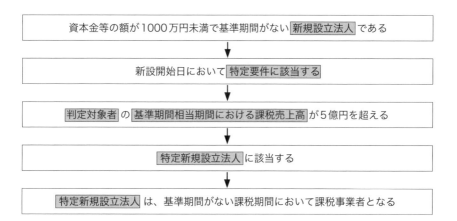

1. 新設法人と新規設立法人

　消費税法においては、「新設法人」、「新規設立法人」という用語は、使い分けられています。

　いずれも、専ら非課税となる社会福祉事業を行う法人でなく、その事業年度の基準期間がない法人に使用する用語ですが、新設法人とは、その事業年度開始の日における資本金の額が1000万円以上である法人をいい、新規設立法人とは、その事業年度開始の日における資本金の額が1000万円未満である法人をいいます（消法12の2①、12の3①）。

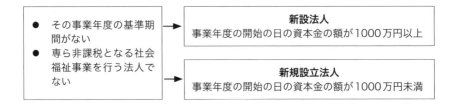

2. 特定要件に該当する場合

特定要件に該当する場合とは、他の者により新規設立法人が支配される場合です。

具体的には、基準期間がない事業年度開始の日（新設開始日）において、次の(1)(2)(3)のいずれかに該当する場合をいいます（消法12の3①、消令25の2①）。

(1) 株式保有割合が50%超である場合

①　当該他の者が新規設立法人の発行済株式（自己株式を除く。以下同じ。）の総数又は出資の総額の50%を超えて有する場合

②　当該他の者及び次に掲げる者が新規設立法人の発行済株式の総数又は出資の総額の50%を超えて有する場合

　　イ　当該他の者の親族等

　　ロ　当該他の者及びその親族等が完全に支配している法人

　　ハ　ロの法人が完全に支配している法人

　　ニ　ハの法人が完全に支配している法人

(2) 議決権保有割合が50%超である場合

当該他の者及び上記(1)②に掲げる者が新規設立法人の次に掲げる議決権のいずれかにつき、その総数の50%を超えて有する場合

　　イ　事業の全部若しくは重要な部分の譲渡、解散、継続、合併、分割、株式交換、株式移転又は現物出資に関する決議に係る議決権

　　ロ　役員の選任及び解任に関する決議に係る議決権

　　ハ　役員の報酬、賞与その他の職務執行の対価として法人が供与する

　財産上の利益に関する事項についての決議に係る議決権
　ニ　剰余金の配当又は利益の配当に関する決議に係る議決権

⑶　社員数の50％超である場合

　新規設立法人が合名会社、合資会社、合同会社である場合には、当該
他の者及びこれと上記⑴②に掲げる者が新規設立法人の社員の総数（業
務を執行する役員を定めた場合には業務を執行する社員）の半数を超え
る数を占める場合

●親族等

　親族等とは、次に掲げる者をいいます（消令25の2②）。

①　当該他の者の親族
②　当該他の者と婚姻の届出をしていないが事実上婚姻関係と同様の
　事情にある者
③　個人である当該他の者の使用人
④　個人である当該他の者から受ける金銭その他の資産によつて生計
　を維持しているもの
⑤　②から④までに掲げる者と生計を一にするこれらの者の親族

●完全に支配している場合

　法人を「完全に支配している」とは、次に掲げる場合のいずれかに該
当する場合をいいます（消令25の2③）。

①　その法人の発行済株式又は出資の全部を有する場合
②　その法人の上記⑵の議決権のいずれかにつき、その総数の全部を
　有する場合
③　その法人の株主等（合名会社、合資会社、合同会社の社員に限る）
　の全部を占める場合

●議決権行使に同意するもの

　個人又は法人との間でその個人又は法人の意思と同一の内容の議決権

を行使することに同意している者がある場合には、その者が有する議決権はその個人又は法人が有するものとみなし、かつ、その個人又は法人はその議決権に係る法人の株主等であるものとみなして、上記の判断を行います（消令25の2④）。

3. 判定対象者

　新規設立法人の納税義務は、判定対象者の基準期間相当期間における課税売上高により判定することとなります。判定対象者とは、次の者をいいます（消令25の4①）。

(1)　特定要件に該当する旨の判定の基礎となった他の者（新規設立法人の発行済株式等若しくは特定要件の判定の基礎となる議決権を有する者又は新規設立法人の株主等である者に限る。）

(2)　(1)の者と特殊な関係にある法人（特殊関係法人）

● 【特殊関係法人と非支配特殊関係法人】

　特殊な関係にある法人（特殊関係法人）とは、次に掲げる法人のうち、非支配特殊関係法人以外の法人です（消令25の3①）。

(1)　当該他の者（新規設立法人の発行済株式等若しくは特定要件の判定の基礎となる議決権を有する者又は新規設立法人の株主等である者に限り、その者が個人である場合には、親族等を含む。以下同じ。）が完全に支配している法人

(2)　当該他の者及び(1)に掲げる法人が完全に支配している法人

(3)　当該他の者及び(1)(2)に掲げる法人が完全に支配している法人

　判定対象者から除かれる非支配特殊関係法人とは、次に掲げる法人をいいます（消令25の3②）。

①　当該他の者（新規設立法人の発行済株式等若しくは議決権を有する者又は新規設立法人の株主等である者に限る。）と生計を一にしない親族等（別生計親族等）が完全に支配している法人

②　別生計親族等及び①に掲げる法人が完全に支配している法人

③　別生計親族等及び①②に掲げる法人が完全に支配している法人

特殊関係法人

(1)　当該他の者（新規設立法人の株主等に限り、個人の場合には親族等
を含む。以下(1)(2)において同じ。）が完全に支配している法人

(2)　当該他の者及び(1)に掲げる法人が完全に支配している法人

(3)　当該他の者及び(1)(2)に掲げる法人が完全に支配している法人

次の法人（非支配特殊関係法人）を除く

①　当該他の者（新規設立法人の株主等に限る。）と生計を一にしな
い親族等（別生計親族等）が完全に支配している法人

②　別生計親族等及び①に掲げる法人が完全に支配している法人

③　別生計親族等及び①②に掲げる法人が完全に支配している法人

---

4. 基準期間相当期間における課税売上高

(1)　基準期間相当期間

基準期間相当期間とは、次の期間をいいます（消令25の4②）。

①　判定対象者が個人である場合

イ　新規設立法人の新設開始日の2年前の日の前日から同日以後1年
を経過する日までの間に12月31日が到来する年

ロ　新規設立法人の新設開始日の1年前の日の前日から新設開始日の
前日までの間に12月31日が到来する年（同日の翌日から新設開始
日の前日までの期間が2月未満であるものを除く。）

ハ　新規設立法人の新設開始日の1年前の日の前日から新設開始日の
前日までの間に6月30日が到来する年（同日の翌日から当該新設
開始日の前日までの期間が2月未満であるものを除く。）の年の1
月1日から6月30日までの期間

② 判定対象者が法人である場合

イ　新規設立法人の新設開始日の２年前の日の前日から同日以後１年を経過する日までの間に終了したその判定対象者の各事業年度を合わせた期間

ロ　新規設立法人の新設開始日の１年前の日の前日から新設開始日の前日までの間に終了したその判定対象者の各事業年度（その終了する日の翌日から新設開始日の前日までの期間が二月未満であるものを除く。）を合わせた期間

ハ　新規設立法人の新設開始日の１年前の日の前日から新設開始日の前日までの間にその判定対象者の事業年度開始の日以後六月の期間（当該六月の期間の末日の翌日から当該新設開始日の前日までの期間が二月未満であるものを除く。）の末日が到来する場合のその六月の期間

　この場合には、特定期間に係る六月の期間の特例を準用します（消令25の4③）

(2)　基準期間相当期間における課税売上高

　判定対象者の基準期間相当期間における課税売上高は、基準期間相当期間の国内における課税資産の譲渡等の対価の額の合計額から、売上対価の返還等の金額を控除した残額とされています（消令25の4①）。

　ただし、その判定対象者の基準期間相当期間が、上記(1)②（判定対象者が法人である場合）のイ又はロである場合には、12ヶ月相当額に換算します。

　この場合、月数は、暦に従って計算し、１月に満たない端数を生じたときは、これを１月とします（消令25の4④）。

(3)　売上高が分からない場合

　新規設立法人を支配する者は、新規設立法人から課税売上高が5億円を超えるかどうかの判定に関し必要な事項について情報の提供を求められた場合には、これに応じなければならないこととされています（消法12の3④）。

したがって、その課税売上高が不明であることにより、納税義務の有無の判断ができないという事態が生じることは予定されていません。

⑷ 特殊関係法人が解散した場合

新規設立法人を支配する者と特殊な関係にあった法人がすでに解散している場合であっても、原則として、その解散した法人を判定から除外することはできません。

すなわち、新規設立法人がその新設開始日において特定要件に該当し、かつ、その特定要件の判定の基礎となった者と特殊な関係にある法人であったもので、その新規設立法人の設立の日前一年以内又はその新設開始日前1年以内に解散したもののうち、その解散した日において特殊関係法人に該当していたもの（解散法人）がある場合には、その解散法人は、特殊関係法人とみなされます。したがって、解散法人の基準期間相当期間における課税売上高が5億円を超えるときは、その新規設立法人は特定新規設立法人に該当し、納税義務は免除されないこととなります（消法12の3②）。

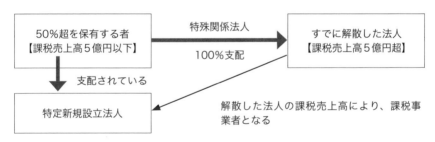

解散した法人は、解散後の企業グループ組織図に表われていないため、注意が必要です。

5. 特定新規設立法人の届出

特定新規設立法人に該当することとなった事業者は、「消費税の特定新規設立法人に該当する旨の届出書」を速やかにその事業者の納税地を所轄する税務署長に提出しなければなりません（消法57②）。

6. 特定新規設立法人の簡易課税制度の適用

　特定新規設立法人に係る事業者免税点不適用制度は、新規設立法人の資本金の額だけでなく、その法人を支配する者及びその特殊関係法人（判定対象者）の基準期間相当期間における課税売上高によって、新規設立法人の納税義務を判断しようとするものです。

　これは、納税義務の判定については、判定対象者の基準期間相当期間における課税売上高を用いるということであって、判定対象者の基準期間相当期間における課税売上高を新規設立法人の基準期間における課税売上高とみなすというものではありません。

　したがって、特定新規設立法人に該当して納税義務が免除されない場合であっても、その特定新規設立法人には基準期間がないのですから、特定新規設立法人の基準期間における課税売上高は5000万円以下であり、簡易課税制度を適用することができます。

　なお、調整対象固定資産の仕入れ等をした場合又は高額特定資産の仕入れ等をした場合に、簡易課税制度の適用が制限される特例があります。Ⅴ及びⅥを参照してください。

Ⅴ 調整対象固定資産を取得した場合の特例

　住宅の賃貸事業を行うに当たって、賃貸建物の課税仕入れ等に係る消費税額の還付を受けた場合に、その後、一般課税による申告を継続して「調整対象固定資産に係る仕入税額の調整」が適用されるように、調整対象固定資産を取得した場合の特例が設けられています。

　なお、令和2年度税制改正により、居住用賃貸建物の取得等については、これを仕入税額控除の対象としない取扱いが創設されています。

課税事業者を選択した事業者が、継続適用を強制される期間中に	新設法人が基準期間がない課税期間中に	特定新規設立法人が基準期間がない課税期間中に

↓

調整対象固定資産の仕入れ等をして一般課税で申告した

↓

基準期間及び特定期間における課税売上高にかかわらず、第三年度まで、一般課税を継続する（3年縛り）

↓

「調整対象固定資産に係る仕入税額の調整」の適用を受けることとなる

1. 課税事業者を選択した事業者

　課税事業者を選択した事業者が、その継続適用期間中に、調整対象固定資産の仕入れ等を行い、一般課税により申告した場合には、その調整対象固定資産の仕入れ等の日の属する課税期間の初日から3年を経過する日の属する課税期間の初日以後でなければ、課税事業者選択不適用届出書及び簡易課税制度選択届出書を提出することができません（消法9⑦、37③）。

　また、調整対象固定資産の仕入れ等をする前に課税事業者選択不適用届出書又は簡易課税制度選択届出書を提出している場合には、その提出はなかったものとみなされます（消法9⑦、37④）。

　したがって、「調整対象固定資産に係る仕入税額の調整」を行うべき第三年度まで、継続して一般課税により申告することとなります。

2. 新設法人又は特定新規設立法人

　新設法人又は特定新規設立法人に該当するため課税事業者となる法人が、その基準期間がない課税期間中に調整対象固定資産の仕入れ等を行い、一般課税により申告した場合には、その調整対象固定資産の仕入れ等の日の属する課税期間の初日以後3年を経過する日の属する課税期間までは、その基準期間における課税売上高が1000万円以下となっても、

納税義務は免除されません（消法12の2②、12の3③）。

　また、簡易課税制度選択届出書は、その調整対象固定資産の仕入れ等の日の属する課税期間の初日から3年を経過する日の属する課税期間の初日以後でなければ提出することができません（消法37③）。

　したがって、「調整対象固定資産に係る仕入税額の調整」を行うべき第三年度まで、継続して一般課税により申告することとなります。

3. 調整対象固定資産

　調整対象固定資産とは、棚卸資産以外の資産で次に掲げるもののうち、その資産に係る課税仕入れに係る税抜き対価の額、その資産に係る特定課税仕入れに係る支払対価の額又は保税地域から引き取られる当該資産の課税標準である金額が、一の取引の単位につき100万円以上のものをいいます（消令5、消基通12-2-1）。

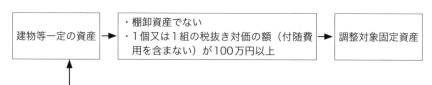

| 建物等一定の資産 | ・棚卸資産でない
・1個又は1組の税抜き対価の額（付随費用を含まない）が100万円以上 | 調整対象固定資産 |

資産の範囲（消費税法施行令5条）

● 建物及びその附属設備、構築物、機械及び装置、船舶、航空機、車両及び運搬具、工具、器具及び備品
● 次に掲げる無形固定資産
　鉱業権、漁業権、ダム使用権、水利権、特許権、実用新案権、意匠権、商標権、育成者権、公共施設等運営権、営業権、専用側線利用権、鉄道軌道連絡通行施設利用権、電気ガス供給施設利用権、水道施設利用権、工業用水道施設利用権、電気通信施設利用権、回路配置利用権
● ゴルフ場利用株式等、預託金方式のゴルフ会員権
● 次に掲げる生物
　牛、馬、豚、綿羊及びやぎ、かんきつ樹、りんご樹、ぶどう樹、梨樹、桃樹、桜桃樹、びわ樹、くり樹、梅樹、柿樹、あんず樹、すもも樹、いちじく樹、キウイフルーツ樹、ブルーベリー樹及びパイナップル、茶樹、オリーブ樹、つばき樹、桑樹、こりやなぎ、みつまた、こうぞ、もう宗竹、アスパラガス、ラミー、まおらん及びホップ
● 課税資産を賃借するために支出する権利金等、著作権等、他の者からのソフトウエアの購入費用又は他の者に委託してソフトウエアを開発した場合におけるその開発費用、書画・骨とう
● 上記に掲げる資産に準ずるもの
● 上記に掲げる資産に係る資本的支出

　消費税法施行令5条は、「上記に掲げる資産に準ずるもの」というバスケットクローズの表現が用いられているため、調整対象固定資産に該当することとなる資産を限定列挙したものではないと解されます。調整対象固定資産とは、おおむね、課税仕入れ等を行った場合に貸借対照表の資産の部に計上されるもので、一個又は一組の税抜き対価の額が100万円以上のものである、といえるでしょう。

4. 調整対象固定資産を売却した場合

　この特例は、その課税仕入れ等を行った後に、その調整対象固定資産を廃棄、売却等により処分した場合であっても適用されます（消基通1–4–15の2、1–5–22）。

5. 調整対象固定資産の取得の前に課税事業者選択不適用届出書又は簡易課税制度選択届出書を提出した場合

　課税事業者を選択した事業者が、その継続適用期間中に調整対象固定資産の仕入れ等を行った場合において、その調整対象固定資産の仕入れ等の日の属する課税期間の初日からその仕入れ等の日までの間に課税事業者選択不適用届出書又は簡易課税制度選択届出書を提出しているときは、その届出書の提出は、なかったものとみなされます（消法9⑦、37④）。

　また、新設法人又は特定新規設立法人が、その基準期間がない課税期間中に調整対象固定資産の仕入れ等を行った場合において、その調整対象固定資産の仕入れ等の日の属する課税期間の初日からその仕入れ等の日までの間に簡易課税制度選択届出書を提出しているときは、その届出書の提出は、なかったものとみなされます（消法37④）。

Ⅵ　高額特定資産を取得した場合等の特例

　事業者免税点制度は、基準期間における課税売上高及び特定期間における課税売上高によって納税義務の有無を判断します。また、簡易課税制度の適用上限も基準期間について定められており、いずれも、その課税期間の課税売上高がどれだけ多額であっても、その適用関係に影響することはありません。その仕組みを利用して、事務負担能力等がある大規模の事業者が納付すべき税額を大幅に圧縮している事例が問題とされ、高額特定資産を取得した場合の特例が設けられています。

　また、この特例により、「調整対象固定資産を取得した場合の特例」では捕捉することができなかった還付スキームについても、3年縛りが適用されることとなりました。

```
┌─────────────────────────────────────────────┐
│    高額特定資産の仕入れ等をして一般課税で申告した         │
└─────────────────────────────────────────────┘
                      ↓
┌─────────────────────────────────────────────┐
│ 基準期間及び特定期間における課税売上高にかかわらず、第三年度まで、一般課税を継続 │
│ する（3年縛り）                                    │
└─────────────────────────────────────────────┘
                      ↓
┌─────────────────────────────────────────────┐
│ ・大規模事業者による中小事業者の特例利用を防止することができる      │
│ ・「調整対象固定資産に係る仕入税額の調整」の適用を受けることとなる    │
└─────────────────────────────────────────────┘
```

1. 高額特定資産の仕入れ等を行った場合

　課税事業者が、高額特定資産の仕入れ等を行い、一般課税により申告した場合には、その高額特定資産の仕入れ等の日の属する課税期間の初日以後3年を経過する日の属する課税期間までは、その基準期間における課税売上高が1000万円以下となっても、納税義務は免除されません（消法12の4①）。

　また、簡易課税制度選択届出書は、その高額特定資産の仕入れ等の日の属する課税期間の初日から3年を経過する日の属する課税期間の初日

以後でなければ提出することができません（消法37③）。

【高額特定資産の仕入れ等を行った場合の具体例】

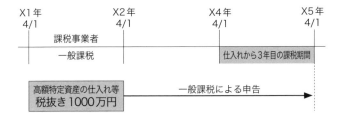

高額特定資産とは、一の取引の単位につき、支払対価の額が税抜1000万円以上の棚卸資産又は調整対象固定資産をいいます（自ら建設等をしたものは、次の(2)によります）。

※ 調整対象固定資産の範囲については、56頁を参照してください。

高額特定資産の仕入れ等には、国内における高額特定資産の課税仕入れだけでなく、高額特定資産の特定課税仕入れ及び高額特定資産に該当する課税貨物の保税地域からの引取りも含まれ、1000万円以上であるかどうかは、次の金額によって判断します（消法12の4①、消令25の5①一）。

1000万円以上の判定に用いる額		
① 課税仕入れである場合	……	支払対価の額の100/110^(※1)に相当する金額
② 特定課税仕入れである場合	……	支払対価の額
③ 保税地域からの引取りである場合	……	引き取る資産の課税標準である金額^(※2)

※1 その課税仕入れに適用された税率によります。
※2 特例申告に係る課税貨物の引取りについては、その特例申告書の提出をした場合（決定については、決定の通知を受けた場合）に、上記の判定を行います（消法12の4②、消令25の6）。

⑴　棚卸資産

棚卸資産とは、次のものをいいます（消令4）。

棚卸資産の範囲
● 商品又は製品（副産物及び作業くずを含む。） ● 半製品 ● 仕掛品（半成工事を含む。） ● 主要原材料 ● 補助原材料 ● 消耗品で貯蔵中のもの ● 上記に掲げる資産に準ずるもの

⑵　一の取引の単位

通常一組又は一式をもって取引の単位とされるものである場合には、その一組又は一式の金額で判断します（消令25の5①一）。

従来、調整対象固定資産に該当するかどうかの100万円以上の判定は、「一の取引の単位」を基準としており（消令5）、高額特定資産の判定においても、同様とされたものです。

⑶　付随費用

1000万円以上の判定は、その資産の価額によります。したがって、その資産の購入のために要する引取運賃、荷役費等又はその資産を事業の用に供するための付随費用の額は、「課税仕入れに係る支払対価の額」に含まれません（消基通1-5-24）。

⑷　共有である場合

課税仕入れ等を行った資産が、他の者と共有物である場合には、その共有物に係る持分割合に応じて、1000万円以上であるかどうかを判定します（消基通1-5-25）。

2. 自己建設高額特定資産である場合

⑴　一般課税で申告する期間

他の者との契約に基づき、又はその事業者の棚卸資産若しくは調整対

象固定資産として自ら建設、製作又は製造をした高額特定資産を「自己建設高額特定資産」といいます（消法12の4①）。

自己建設高額特定資産については、「仕入れ等に係る支払対価の額」の合計額（累計額）が1000万円以上となった場合（これを「自己建設高額特定資産の仕入れを行った場合」といいます）に、事業者免税点制度及び簡易課税制度の適用が制限されることになります（消法12の4①、消令25の5①二、②）。

届出書の提出が制限される課税期間は、その自己建設高額特定資産の仕入れを行った場合に該当することとなった課税期間の翌課税期間から、その建設等が完了した日の属する課税期間の初日以後3年を経過する日の属する課税期間までの各課税期間となります（消法12の4①）。

【自己建設高額特定資産である場合の具体例】

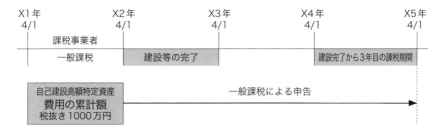

(2) 仕入れに係る支払対価の額

仕入れ等に係る支払対価の額は、次の金額です（消令25の5①二、②）。

仕入れ等に係る支払対価の額
① その建設等に要した課税仕入れに係る支払対価の額の100/110 [※] に相当する金額
② 特定課税仕入れに係る支払対価の額
③ 保税地域から引き取られる課税貨物の課税標準である金額

※ その課税仕入れに適用された税率によります。

課税仕入れ等以外の費用は、自己建設資産の仕入れ等に係る支払対価の額に含まれません。建設等の原価のうち、課税仕入れ等に該当するものを合計します。

また、免税事業者であった課税期間又は簡易課税制度を適用した課税

期間において行った課税仕入れ等の対価は、仕入れ等に係る支払対価の
額に含まれません（消令25の5①二）。

⑶　資産ごとの判定

　自己建設資産が調整対象固定資産である場合には、建物及びその附属
設備、構築物、機械及び装置、船舶、航空機、車両及び運搬具、工具、
器具及び備品等の資産（消費税法施行令5条各号に掲げる資産）ごとに、
その建設等に要した仕入れ等に係る支払対価の額の合計額を基礎とし
て、1000万円以上であるかどうかを判定します（消基通1-5-26）。

　なお、自己建設資産が棚卸資産である場合には、その棚卸資産の原材
料として調整対象固定資産に該当する資産を仕入れる場合があります。
この場合には、その原材料となる資産ごとに判定するのではなく、その
資産の仕入れに係る支払対価の額を含め、棚卸資産ごとに、その棚卸資
産の建設等に要した仕入れ等に係る支払対価の額の合計額を計算します
（消基通1-5-27）。

⑷　保有する棚卸資産を自己建設資産の原材料として使用した場合

　保有する建設資材等の棚卸資産を自己建設資産の原材料として使用し
た場合には、その使用した棚卸資産の仕入れに係る支払対価の額は、自
己建設資産の建設等に要した仕入れ等に係る支払対価の額に含まれます
（消基通1-5-28）。

　ただし、免税事業者である課税期間又は簡易課税制度の適用を受ける
課税期間において仕入れた棚卸資産を使用した場合には、その使用した
棚卸資産の仕入れに係る支払対価の額は含まれません。

3. 高額特定資産につき棚卸資産の調整の適用を受けた場合

⑴　高額特定資産である棚卸資産

　高額特定資産である棚卸資産について、課税事業者となった場合の棚
卸資産の調整の適用を受けたときは、その適用を受けた課税期間の翌課
税期間から、その適用を受けた課税期間の初日以後3年を経過する日の

属する課税期間までは、事業者免税点制度及び簡易課税制度は適用することができません（消法12の4②、37③三）。

【高額特定資産について棚卸資産の調整措置の適用を受けた場合の具体例】

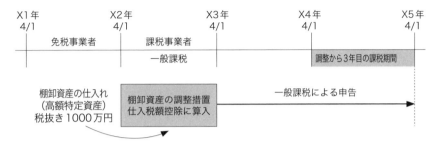

(2)　調整対象自己建設高額資産

他の者との契約に基づき、又は棚卸資産として自ら建設等をした棚卸資産（事業者が相続、合併又は分割により被相続人、被合併法人又は分割法人の事業を承継した場合において、その被相続人、被合併法人又は分割法人が自ら建設等をしたものを含みます）で、その建設等のために要した原材料費及び経費に係る課税仕入れに係る税抜対価の額、特定課税仕入れに係る支払対価の額及び保税地域から引き取る課税貨物の課税標準である金額の累計額が1000万円以上となったものを「調整対象自己建設高額資産」といいます（新消法12の4②、新消令25の5③）。

※　この累計額の計算には、事業者免税点制度及び簡易課税制度の適用を受ける課税期間に行ったものが含まれており、この点が自己建設高額特定資産の計算（消令25の5①二、②）とは異なっています。

調整対象自己建設高額資産について、課税事業者となった場合の棚卸資産の調整の適用を受けたときは、その適用を受けた課税期間の翌課税期間から、その調整対象自己建設高額資産の建設等が完了した日の属する課税期間の初日以後3年を経過する日の属する課税期間まで、事業者免税点制度及び簡易課税制度は適用することができません（消法12の4②、37③三）。

【調整対象自己建設高額資産である場合の具体例】

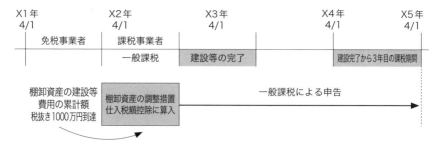

4. 居住用賃貸建物の課税仕入れに該当する場合

　この特例は、令和2年10月1日以後において、高額特定資産又は調整対象自己建設高額資産について、居住用賃貸建物に該当するため仕入税額控除の適用を受けなかった場合（新消法30①）であっても適用されます（新消基通1−5−30）。

5. 高額特定資産を売却した場合

　この特例は、課税事業者が、「一般課税により申告する課税期間中に高額特定資産の仕入れ等を行った場合」という要件ですから、その課税仕入れ等を行った後に、その高額特定資産を廃棄、売却等により処分したとしても適用されます（消基通1−5−22の2）。

6. 高額特定資産の取得の前に簡易課税制度選択届出書を提出した場合

　簡易課税制度選択届出書は、高額特定資産の仕入れ等を行った場合にその提出が制限されることになるので、その課税期間の初日から高額特定資産の仕入れ等を行う日までの間に簡易課税制度選択届出書を提出している、という場合が想定されます。

　この場合には、高額特定資産の仕入れ等により、その届出書の提出はなかったものとみなされます（消法37④）。

【事業年度が１年の３月末決算法人である場合】

H28年4/1～H29年3/31	H29年4/1～H30年3/31	H30年4/1～H31年3/31
簡易課税制度 選択届出書提出 ●		
一般課税	一般課税	一般課税

選択届出書の提出後、 高額特定資産の仕入れ等	簡易課税制度選択届出はなかったものとみなして 事業者免税点制度及び簡易課税制度の適用なし

7. 高額特定資産の取得に係る課税事業者である旨の届出書

　高額特定資産の仕入れ等を行ったことにより、納税義務の免除の規定の適用を受けないこととなる事業者が、基準期間の課税売上高が1000万円以下となった場合には、「高額特定資産の取得に係る課税事業者である旨の届出書」を提出することとされています（消法12の4①、57①二の二）。

Ⅶ　相続があった場合の特例

　個人事業者の納税義務の有無は、基準期間における課税売上高及び特定期間における課税売上高により判定します。

　ただし、これらの課税売上高が1000万円以下となる場合であっても、相続により、被相続人の事業を承継した場合には、相続による事業規模の拡大を反映した測定を行うため、納税義務の免除の特例が設けられています。

　相続には包括遺贈が含まれ、相続人には包括受遺者が、被相続人には包括遺贈者が含まれます（消法2④）。

　個人事業者が相続により事業を承継した場合の納税義務の判定の全体像は、次の表のとおりです。

【相続により事業を承継した場合の納税義務の判定】

判　　定
その事業者が課税事業者を選択している場合は課税事業者となる（消法9④）

調整対象固定資産の仕入れ等をした場合の納税義務の免除の特例があるか（消法9⑦）

高額特定資産の仕入れ等をした場合の納税義務の免除の特例があるか（消法12の4①）

相続人の基準期間における課税売上高による判定を行う（消法9①）

相続人の特定期間における課税売上高による判定を行う（消法9の2①）

相続により事業を承継した日の翌日からその年の末日まで …被相続人の基準期間における課税売上高が1000万円を超える場合には納税義務は免除されない（消法10①）

相続により事業を承継した年の翌年及び翌々年 …被相続人の基準期間における課税売上高及び相続人の基準期間における課税売上高の合計額が1000万円を超える場合には納税義務は免除されない（消法10②）

1. 相続があった年の判定

　免税事業者である相続人又は事業を行っていない個人が、その年の基準期間における課税売上高が1000万円を超える被相続人の事業を承継したときは、その相続人のその相続のあった日の翌日からその年12月31日までの間については、その相続人の納税義務は免除されません（消法10①、消基通1-5-1、1-5-4(1)）。

　相続があった年において、相続人の特例による納税義務の判定は、次のようになります。

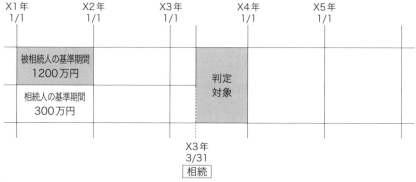

【特例による判定】

被相続人の基準期間における課税売上高　1200万円 ＞ 1000万円
　　　　　　　　➡ 相続人は、X3年4月1日以後は課税事業者となる。

2. 相続があった年の翌年及び翌々年の判定

　相続があった年の翌年及び翌々年においては、相続人又は被相続人それぞれの基準期間における課税売上高及び特定期間における課税売上高が1000万円以下であったとしても、相続人の基準期間における課税売上高と被相続人の基準期間における課税売上高との合計額が1000万円を超える場合は、その相続人の納税義務は免除されません（消法10②）。この場合、特例による納税義務の判定は、次のようになります。

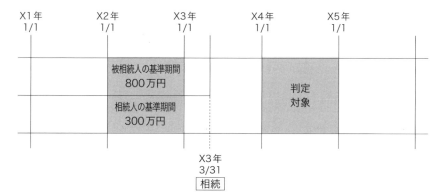

【特例による判定】

> 相続人の基準期間における課税売上高　300万円 ＋ 被相続人の基準期間における課税売上高　800万円 ＝1100万円 ＞1000万円
>
> ➡ 相続人は課税事業者となる。

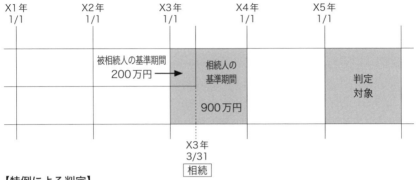

【特例による判定】

> 相続人の基準期間における課税売上高　900万円 ＋ 被相続人の基準期間における課税売上高　200万円 ＝1100万円＞1000万円
>
> ➡ 相続人は課税事業者となる。

3. 複数の相続人が分割して相続する場合

　相続により、二以上の事業場を有する被相続人の事業を事業場ごとに分割して承継した場合には、被相続人の基準期間における課税売上高は、その相続人が相続した事業場に係る部分の金額とします（消法10③、消令21）。

4. 未分割である場合

　相続人が複数であるときには、相続財産の分割が実行されるまでの間は被相続人の事業を承継する相続人は確定しないことから、各相続人が共同して被相続人の事業を承継したものとして取り扱うものとされています。

　この場合には、被相続人の基準期間における課税売上高に各相続人の法定相続分に応じた割合を乗じた金額をもって各相続人の納税義務の判定を行います（消基通1-5-5）。

(1)　年末までに遺産分割が行われなかった年

　その年において被相続人の事業を承継する者が確定しなかった場合には、法定相続分に応じた金額より判定します。

（例）被相続人の基準期間における課税売上高：1200万円
　　　相続人Ａ及びＢ　法定相続分：各１／２

（相続人Ａ及びＢの納税義務）
　　　被相続人の基準期間における課税売上高1200万円×1/2＝600万円
　　　相続人Ａ及びＢは免税事業者となる。

---

(2)　遺産分割が行われた年

　相続の翌年以後に事業を承継する者が確定した場合、その確定した年の判定については、二つの考え方があります。

　一つは、遺産分割の効果は相続開始の時に遡及するという民法909条の考え方に従い、相続開始の翌年以降に確定した場合であっても、相続開始の日に事業承継があったものとして納税義務を判定するというものです。これによれば、分割のあった年の納税義務は、各相続人の基準期間における課税売上高と被相続人の基準期間における課税売上高のうち承継した事業に係る部分の課税売上高との合計額を1000万円と比較して判定することになります。これは、消費税創設当時の考え方です。

　また、他の一つは、納税義務はその課税期間が開始する前に判明していなければならないから、その年の前年12月31日の現況に基づいて判定するべきであるとする考え方です。これによれば、年の途中で事業を承継する者が確定しても、それはその年の納税義務の判定に影響しません。これは、平成24年9月18日の東京国税局による文書回答事例「前年に相続があった場合の共同相続人の消費税の納税義務の判定について」において明らかにされた考え方であり、近時は、この考え方に従った取扱いが行われています。

　これは、いったん免税事業者と判定したものが事後の事象によって遡って課税事業者となった場合には、価格の設定や帳簿書類の保存といった対応ができていないにもかかわらず課税事業者として消費税の納税義務を履行しなければならないことになるという事態を避けるため、事業者

免税点制度の趣旨に沿った判定を行うものであると考えられます。

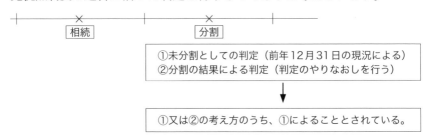

そうすると、相続があった年に分割が行われた場合にも、相続開始の時に遡って納税義務の免除の判定を行うことに問題は無いのか、という疑問が生じます。

これに対し、大阪国税局は平成27年3月24日、文書回答事例「相続があった年に遺産分割協議が行われた場合における共同相続人の消費税の納税義務の判定について」を公表しました。

この事例は、次のような事実関係となっています。

事前照会に係る取引等の事実関係

⑴ 本件相続に係る相続人は、被相続人の妻（私の母）、私及び私の妻を含む6人の子（養子を含む。）の計7人で、この相続に遺言はありません。共同相続人は、会社員あるいは無職の者であるため、いずれの者も平成24年分の課税売上高はありません。

　被相続人は平成26年2月に亡くなり、その後、同年（平成26年）中に遺産分割協議が成立し、被相続人が営んでいた不動産賃貸業（貸店舗等）を私が3分の2、私の妻が3分の1の持分で承継することとなりました。

　被相続人の平成24年分における課税売上高は、1700万円です。

　なお、当該課税売上高は、貸店舗等に係る賃貸収入で構成されるものです。

⑵ 遺産の分割が行われるまでの間、被相続人が営んでいた事業に供されていた不動産は被相続人名義のままであり、その管理は、遺産の分割前（筆者注：相続開始前）と同様に不動産管理法人に委託していました。

　この不動産賃貸業については、遺産の分割が行われるまでは、民法第898条の規定のとおり、相続財産は相続人の共有に属するという認識の下、共同相続人が共同して事業を営んでおり、不動産賃貸業から生ずる収入は、共同相続人の了承の下、便宜上、私の口座に入金していました。

　この事例において、照会者は、未分割として判定をすると免税事業者となり、分割の結果による再判定を行うと課税事業者となりますが、消費税の納税義務者に該当するかどうかは、事業者自らが事前に予知しておく必要があり、また、相続財産が未分割の場合における納税義務の判定は、消費税法基本通達1-5-5において法定相続分に応じた割合によることから、

　　消費税法第10条の適用に当たっては、事業者が、判定時点での適正な事実関係に基づき消費税関係法令等の規定に従って納税義務が判定されたものである場合にはその判定が認められるものと解するのが相当であると考えます。
　　したがって、私の場合には、当初に判定したとおり免税事業者に該当するものと取り扱って差し支えないと考えます。

とし、大阪国税局は、「御照会に係る事実関係を前提とする限り、貴見のとおりで差し支えありません。」と回答しています。

　この文書回答事例は、不動産賃貸業に係る照会であることに注意する必要があるでしょう。資産から生ずる収益は、その収益の基因となる資産の権利者に帰属するので、不動産賃貸業に係る事業は、その賃貸する不動産を承継する者が承継することになります。しかし、たとえば物品販売業である場合には、必ずしもその事業を承継する者がその事業の用に供される資産（棚卸資産以外）を相続によって取得するとは限りません。

　事業を承継する者が確定していないかどうかは、相続開始の後において、民法第898条の規定のとおり、相続財産は相続人の共有に属するという認識の下、共同相続人が共同して事業を営んでいた事実があるかどうかによって判断しなければなりません。

⑶　法定果実の帰属

　未分割財産の中に賃貸中の不動産がある場合には、その貸付不動産に係る賃料債権の帰属が問題となります。実務においては、法定果実を含めて分割協議を行っている例や分割の結果に応じてその年の1月1日に遡って各相続人が取得した法定果実を認識している例も少なくありません。

　平成17年9月8日の最高裁判決は、「遺産分割は、相続開始の時にさ

かのぼってその効力を生ずるものであるが、各共同相続人がその相続分に応じて分割単独債権として確定的に取得した賃料債権の帰属は、後にされた遺産分割の影響を受けないものというべきである。」としました。

　したがって、分割の日までの期間に生じた法定果実は、分割協議の対象ではなく、法定相続分により各相続人が取得することとなり、これによって各相続人の売上高を計算することとなります。

5. 課税事業者選択届出書の効力

　相続により事業を承継した場合であっても、被相続人が提出した課税事業者選択届出書の効力は、事業を承継した相続人には及びません。したがって、その相続人が課税事業者を選択しようとする場合には、新たに課税事業者選択届出書を提出する必要があります（消基通1-4-13、1-4-13の2）。

　この場合、事業を営んでいない相続人が相続により被相続人の事業を承継した場合には、相続があった日の属する課税期間は、事業を開始した日の属する課税期間等となります（消基通1-4-12(2)）。

　また、個人事業者である相続人については、被相続人が課税事業者を選択していた場合には、相続により事業を承継した課税期間は、事業を開始した日の属する課税期間等として取り扱われます（消令20二、消基通1-4-13(2)）。

個人事業者が相続により課税事業者を選択していた被相続人の事業を承継した場合	→	相続があった日の属する課税期間は、「事業を開始した日の属する課税期間等」となる

　その課税期間の末日前おおむね1ヶ月以内に相続があった場合には、その課税期間の末日から2ヶ月以内に「課税事業者選択届出に係る特例申請書」及び「課税事業者選択届出書」を提出して承認された場合には、その課税期間の末日に課税事業者選択届出書を提出したものとみなされます（消令20の2、消基通1-4-16〜17）。

6. 簡易課税制度選択届出書の効力

　相続により事業を承継した場合であっても、被相続人が提出した簡易課税制度選択届出書の効力は、事業を承継した相続人には及びません。したがって、その相続人が簡易課税制度を選択しようとする場合には、新たに簡易課税制度選択届出書を提出する必要があります（消基通1-4-13、1-4-13の2）。

　この場合、事業を営んでいない相続人が相続により被相続人の事業を承継した場合には、相続があった日の属する課税期間は、事業を開始した日の属する課税期間等となります（消基通13-1-3の2(2)）。

　個人事業者である相続人については、①被相続人が簡易課税制度の適用を受けていた場合において、②相続があった場合の納税義務の免除の特例により課税事業者となったときは、その相続があった日の属する課税期間は、事業を開始した日の属する課税期間等に該当します（消令56①二、消基通13-1-3の2(2)）。

　なお、納税義務の判定とは違って、被相続人の基準期間における課税売上高が、相続人の簡易課税制度の適用の有無の判定に影響することはありません。

個人事業者が ①相続により簡易課税制度を選択していた被相続人の事業を承継した場合において、 ②相続により事業を承継したことにより課税事業者となるとき	→ 相続があった日の属する課税期間は、「事業を開始した日の属する課税期間等」となる

　その課税期間の末日前おおむね1ヶ月以内に相続があった場合には、その課税期間の末日から2ヶ月以内に「簡易課税制度選択届出に係る特例申請書」及び「簡易課税制度選択届出書」を提出して承認された場合には、その課税期間の末日に簡易課税制度選択届出書を提出したものとみなされます（消令57の2、消基通1-4-16 ～ 17、13-1-5の2）。

7. 課税期間特例選択・変更届出書の効力

　被相続人が提出した課税期間特例選択・変更届出書の効力は、相続人には及びません。したがって、相続人が課税期間の特例の適用を受けようとするときは、新たに課税期間特例選択・変更届出書を提出しなければなりません（消令41①一、消基通3-3-2(1)）。

　事業を営んでいない相続人が相続により被相続人の事業を承継した場合には、相続があった日の属する期間は、事業を開始した日の属する期間となります（消基通3-3-2(2)）。

　個人事業者である相続人については、被相続人が課税期間の特例の適用を受けていた場合には、相続があった日の属する期間は、事業を開始した日の属する期間として取り扱われます（消令41①二、消基通1-3-2(2)）。

8. 事業用資産の受入れ等

(1)　資産及び負債の承継

　事業用資産等の相続は、対価を得て行う資産の譲渡又は貸付け並びに役務の提供に該当しません。したがって、資産の種類にかかわらず、消費税の課税関係は生じません。

(2)　棚卸資産に係る調整

　免税事業者が相続により課税事業者となる場合において、課税事業者となった日の前日において、免税事業者であった期間中に仕入れた棚卸資産を有するときは、その棚卸資産に係る税額は、課税事業者となった課税期間の課税仕入れ等の税額とみなされます（消法36①）。

　また、課税事業者が相続により免税事業者であった被相続人の棚卸資産を受け入れた場合には、被相続人が免税事業者であった期間中に仕入れた受入れ棚卸資産に係る税額は、その相続人のその相続があった課税期間の課税仕入れ等の税額とみなされます（消法36③）。

⑶　調整対象固定資産に係る調整

　相続により被相続人から承継した調整対象固定資産は、事業を承継した相続人において、次の調整の対象となります（消法33①、34①、35①）。

　①　課税売上割合が著しく変動した場合の調整対象固定資産に関する
　　仕入れに係る消費税額の調整

　②　調整対象固定資産を転用した場合の仕入れに係る消費税額の調整

　ただし、その調整を行うべき課税期間において、相続人が免税事業者である場合又は簡易課税制度を適用している場合には、調整は行いません。

⑷　長期割賦販売等

　相続により長期割賦販売等につき延払基準の適用を受けている被相続人の事業を承継した場合には、被相続人がまだ計上していない部分の売上げについては、相続人の売上高となります（消法16④）。

⑸　工事進行基準

　相続により工事進行基準の適用を受けている被相続人の事業を承継した場合には、その請負工事については、被相続人が計上した売上高を除いたところで、相続人の売上高とします（消令38②）。

⑹　仕入対価の返還等

　相続により事業を承継した相続人が、被相続人が行った課税仕入れにつき仕入れに係る対価の返還等を受けた場合には、相続人が自ら行った課税仕入れにつき対価の返還等を受けたものとして、その返還等対価に係る消費税額を控除対象仕入税額から除きます（消法32⑦）。

⑺　輸入に係る消費税の還付

　相続により事業を承継した相続人が、被相続人が保税地域から引き取った課税貨物につき税関長から消費税の還付を受けた場合には、相続人が自ら引き取った課税貨物につき消費税の還付を受けたものとして、控除対象仕入税額から除きます（消法32⑦）。

⑻　売上対価の返還等

　相続により事業を承継した相続人が、被相続人が行った課税売上げに
つき、売上げに係る対価の返還等を行った場合には、相続人が自ら行っ
た課税売上げにつき対価の返還等を行ったものとして、売上対価の返還
等に係る消費税額の控除の規定を適用します（消法38③）。

⑼　貸倒れの税額控除

　相続により承継した売掛金等について貸倒れがあった場合には、相続
人が自ら行った課税売上げに係る貸倒れとして、貸倒れに係る消費税額
の控除の規定を適用します（消法39④）。

⑽　中間申告

　相続により被相続人の事業を承継した場合であっても、相続人の中間
申告の義務の判断及び中間申告納付税額の計算に被相続人の確定消費税
額が影響することはありません。

9. 被相続人の確定申告等

⑴　申告義務の承継

　相続人は、被相続人の申告納税の義務、記録及び帳簿の保存義務を承
継します（消法59）。

　また、被相続人の消費税につき、還付を受けるための申告書を提出す
ることができる場合には、相続人は、その還付申告書を提出することが
できます（消法46②、59）。

⑵　被相続人の納税地

　被相続人の資産の譲渡等に係る消費税の納税地は、その相続人の納税
地によらず、その被相続人のその死亡当時の資産の譲渡等に係る消費税
の納税地となります（消法21④、消基通2-2-2）。

　これは、被相続人に係る所得税の納税地と同じです。

⑶　被相続人の死亡の届出

相続人は、被相続人が死亡した旨の届出書を提出しなければなりません（消法57①四）。

合併があった場合の特例

企業が、組織再編成を行った場合、事業の状況は、それまでとは大きく様変わりします。

しかし、法人が合併により被合併法人の事業を承継した場合において、合併法人の基準期間における課税売上高は、合併により拡大した事業規模を反映していません。そこで、合併があった場合の納税義務については、このことを考慮して判定する特例が設けられています。

ただし、消費税は、事業者が販売する商品やサービスの価格に上乗せして転嫁するものであることから、その課税期間が開始するまでに事業者自身がその必要性を確認しておく必要があり、また、その課税期間の納税事務手続きを省略することができるかどうかは、その課税期間が開始するまでに判断しておく必要があるとされています。

したがって、合併により事業を承継した事業年度については、その合併の時点で確認することができる合併法人又は被合併法人の売上高をそのまま判定の基礎とします。また、その翌事業年度及び翌々事業年度については、合併法人の課税売上高と被合併法人の課税売上高とを合計して判定することになります。

以下では、一年決算法人を前提として、合併があった場合の取扱いを解説します。

なお、月数は、暦に従って計算し、一月に満たない端数を生じたときは、これを一月とします（消令22⑦）。

1. 吸収合併があった場合

合併により存続する法人又は合併により設立された法人を合併法人とい

い、合併により消滅した法人を被合併法人といいます（消法2①五、五の二）。

　吸収合併をした合併法人は、被合併法人の事業を承継するものであるため、その納税義務は、被合併法人の課税売上高を考慮して判定することとされています。

　吸収合併があった場合の合併法人の納税義務の判定の全体像は、次の表のとおりです。

【吸収合併により事業を承継した場合の納税義務の判定】

基準期間なし	基準期間あり
合併法人が課税事業者を選択している場合は、課税事業者となる（消法9④）	
合併法人の事業年度開始の日の資本金の額による判定を行う（消法12の2①）	―
特定新規設立法人の判定を行う（消法12の3①）	―
調整対象固定資産の仕入れ等をした場合の納税義務の免除の特例があるか（消法9⑦、12の2②、12の3③）	
高額特定資産の仕入れ等をした場合の納税義務の免除の特例があるか（消法12の4①）	
―	合併法人の基準期間における課税売上高による判定を行う（消法9①）
合併法人の特定期間における課税売上高による判定を行う（消法9の2①）	
合併があった日からその事業年度終了の日までは …各被合併法人の基準期間に対応する期間における課税売上高が1000万円を超える場合には納税義務は免除されない（消法11①）	
合併があった事業年度の翌事業年度及び翌々事業年度 …合併法人の基準期間における課税売上高及び各被合併法人の基準期間に対応する期間における課税売上高の合計額が1000万円を超える場合には納税義務は免除されない（消法11②）	

(1) 吸収合併があった事業年度における納税義務の判定

　免税事業者である法人が、吸収合併により、その事業年度の基準期間に対応する期間における課税売上高が1000万円を超える被合併法人事業を承継したときは、その合併があった日からその事業年度の末日までの期間について納税義務は免除されません（消法11①、消基通1–5–1、1–5–4(1)）。

　その事業年度の基準期間に対応する期間における課税売上高とは、合併法人の合併があった日の属する事業年度開始の日の2年前の日の前日から同日以後1年を経過する日までの間に終了した被合併法人の各事業年度における課税売上高の合計額をいいます（消令22①）。

　その期間が12ヶ月でない場合には、その課税売上高の合計額をその各事業年度の月数の合計数で除し、これに12を乗じて計算した金額とします（消令22①）。

※　事業年度開始の日の2年前の日の前日

　たとえば、法人税法57条3項においては、「事業年度開始の日の5年前の日」は、事業年度開始の日（X6年4月1日）の5年前の応当日（X1年4月1日）であると解されています。

　しかし、消費税法においては、「事業年度開始の日の2年前の日」は、事業年度開始の日（X3年4月1日）の2年前の応当日（X1年4月1日）ではなく、X1年4月2日であると解されおり、X1年4月1日は、「事業年度開始の日の2年前の日の前日」と規定されています。

　具体的な判定は、次のとおりです。

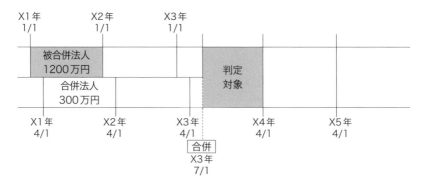

【特例による判定】

> 　合併法人の合併があった日の属する事業年度開始の日の2年前の日の前日は、X1年4月1日です。同日以後1年を経過する日までの間に終了した被合併法人の事業年度における課税売上高は、1200万円です。
>
> 　　合併法人　　　　300万円≦1000万円
> 　　被合併法人　　1200万円＞1000万円　➡　合併法人は、X3年7月1日以後は課税事業者となる。

⑵　吸収合併があった事業年度の翌事業年度における納税義務の判定

　吸収合併があった事業年度の翌事業年度においては、合併法人又は被合併法人それぞれの基準期間における課税売上高及び特定期間における課税売上高が1000万円以下であったとしても、合併法人の基準期間における課税売上高と被合併法人の基準期間に対応する期間における課税売上高との合計額が1000万円を超える場合は、その合併法人の納税義務は免除されません（消法11②）。

　その事業年度の基準期間に対応する期間における課税売上高とは、合併法人のその事業年度の基準期間の初日から同日以後1年を経過する日までの間に終了した被合併法人の各事業年度における課税売上高の合計額をいいます（消令22②）。

　その期間が12ヶ月でない場合は、その課税売上高の合計額を各事業年度の月数の合計数で除し、これに12を乗じて計算した金額とします（消令22②）。

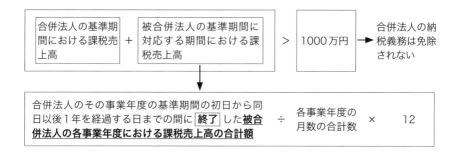

具体的な判定は、次のとおりです。

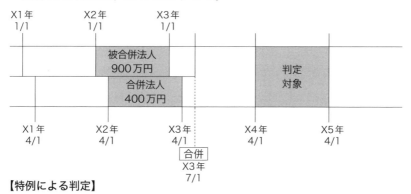

【特例による判定】

合併法人の基準期間における課税売上高は400万円です。
合併法人の基準期間の初日から同日以後1年を経過する日までの間に終了した被合併法人の事業年度における課税売上高は、900万円です。

400万円＋900万円 ＝ 1300万円 ＞ 1000万円 →合併法人は、課税事業者となる。

⑶　吸収合併があった事業年度の翌々事業年度における納税義務の判定

　吸収合併があった事業年度の翌々事業年度においては、合併法人又は被合併法人それぞれの基準期間における課税売上高及び特定期間における課税売上高が1000万円以下であったとしても、合併法人の基準期間における課税売上高と被合併法人の基準期間に対応する期間における課税売上高との合計額が1000万円を超える場合は、その合併法人の納税義務は免除されません（消法11②）。

　その事業年度の基準期間に対応する期間における課税売上高とは、合

併法人のその事業年度の基準期間の初日から同日以後1年を経過する日までの間に終了した被合併法人の各事業年度における課税売上高の合計額を、その各事業年度の月数の合計数で除し12を乗じて計算した金額を、その基準期間に含まれる事業年度の月数の合計数で除し、これにその基準期間の初日から合併があった日の前日までの期間の月数を乗じて計算した金額です（消令22②）。

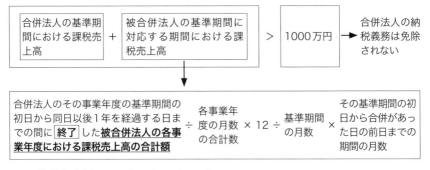

　具体的な判定は、次のとおりです。

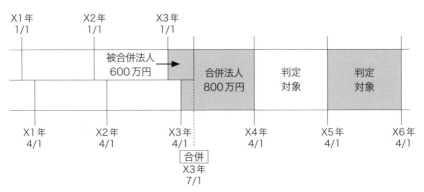

【特例による判定】

　合併法人の基準期間における課税売上高は800万円です。
　合併法人の基準期間の初日から同日以後1年を経過する日までの間に終了した被合併法人の事業年度における課税売上高は、600万円です。
　また、基準期間に含まれる事業年度の月数は6、基準期間の初日から合併があった日の前日までの期間の月数は3です。

800万円 ＋ 600万円 ÷ 6 × 12 ÷ 12 × 3 ＝ 1100万円 ＞ 1000万円
　　　　　　　　　　　　　　　→ 合併法人は、課税事業者となる。

2. 新設合併があった場合

　新設合併により設立された法人は、被合併法人の事業を承継するものであるため、その納税義務は、被合併法人の課税売上高を考慮して判定することとされています。

　新設合併があった場合の合併法人の納税義務の判定の全体像は、次のとおりです。

【新設合併により事業を承継した場合の納税義務の判定】

基準期間なし	基準期間あり
合併法人が課税事業者を選択している場合は、課税事業者となる（消法9④）	
合併法人の事業年度開始の日の資本金の額による判定を行う（消法12の2①）	―
特定新規設立法人の判定を行う（消法12の3①）	―
調整対象固定資産の仕入れ等をした場合の納税義務の免除の特例があるか（消法9⑦、12の2②、12の3③）	
高額特定資産の仕入れ等をした場合の納税義務の免除の特例があるか（消法12の4①）	
―	合併法人の基準期間における課税売上高による判定を行う（消法9①）
合併法人の特定期間における課税売上高による判定を行う（消法9の2①）	
合併があった事業年度 …各被合併法人の基準期間に対応する期間における課税売上高が1000万円を超える場合には納税義務は免除されない（消法11③）	
合併があった事業年度の翌事業年度及び翌々事業年度 …合併法人の基準期間における課税売上高及び各被合併法人の基準期間に対応する期間における課税売上高の合計額が1000万円を超える場合には納税義務は免除されない（消法11④）	

⑴　新設合併があった事業年度における納税義務の判定

　法人の設立事業年度においては、基準期間がありません。ただし、その法人が合併により設立された法人である場合において、被合併法人の、合併法人の合併があった日の属する事業年度の基準期間に対応する期間における課税売上高のいずれかが1000万円を超えるときは、納税義務は免除されません（消法11③、消基通1−5−1、1−5−4(1)）。

　その事業年度の基準期間に対応する期間における課税売上高とは、合併法人の合併があった日の属する事業年度開始の日の2年前の日の前日から同日以後1年を経過する日までの間に終了した被合併法人の各事業年度における課税売上高の合計額をいいます（消令22③）。その期間が12ヶ月でない場合には、その課税売上高をその各事業年度の月数の合計数で除し、これに12を乗じて計算した金額とします（消令22③）。

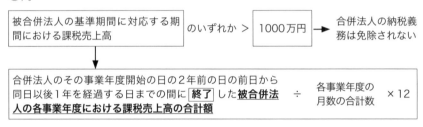

　具体的な判定は、次のとおりです。

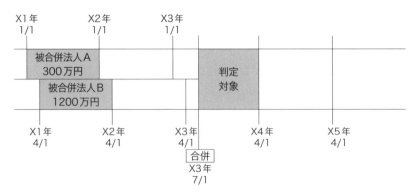

【特例による判定】

> 合併法人の合併があった日の属する事業年度開始の日の2年前の日の前日は、X1年7月1日です。
> 同日以後1年を経過する日までの間に終了した被合併法人Aの事業年度における課税売上高は300万円であり、被合併法人Bの事業年度における課税売上高は1200万円です。
>
> 被合併法人A　　300万円 ≦ 1000万円
> 被合併法人B　　1200万円 ＞ 1000万円 ➡ 合併法人は、設立の日から課税事業者となる。

⑵　新設合併があった事業年度の翌事業年度における納税義務の判定

　新設合併があった事業年度の翌事業年度においては、合併法人の特定期間における課税売上高が1000万円以下であったとしても、各被合併法人の、その合併法人のその事業年度の基準期間に対応する期間における課税売上高の合計額が1000万円を超えるときは、納税義務は免除されません（消法11④、消基通1-5-1、1-5-4⑴）。

　その事業年度の基準期間に対応する期間における課税売上高とは、合併法人のその事業年度開始の日の2年前の日の前日から同日以後1年を経過する日までの間に終了した各被合併法人の各事業年度における課税売上高の合計額をいいます（消令22⑥一）。

　その期間が12ヶ月でない場合には、その課税売上高をその各事業年度の月数の合計数で除し、これに12を乗じて計算した金額とします（消令22⑥一）。

| 被合併法人の基準期間に対応する期間における課税売上高 | の合計額 | ＞ | 1000万円 | → | 合併法人の納税義務は免除されない |

↓

| 合併法人のその事業年度開始の日の2年前の日の前日から同日以後1年を経過する日までの間に 終了 した被合併法人の各事業年度における課税売上高の合計額 | ÷ | 各事業年度の月数の合計数 | ×12 |

具体的な判定は、次のとおりです。

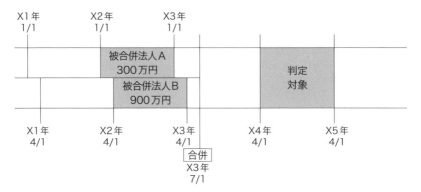

【特例による判定】

> その事業年度開始の日の2年前の日の前日は、X2年4月1日です。
> 　同日以後1年を経過する日までの間に終了した被合併法人Aの事業年度における課税売上高は300万円であり、被合併法人Bの事業年度における課税売上高は900万円です。
>
> 　300万円 ＋ 900万円 ＝ 1200万円 ＞ 1000万円 　➡　合併法人は、課税事業者となる。

⑶　新設合併があった事業年度の翌々事業年度における納税義務の判定

　合併があった事業年度の翌々事業年度においては、合併法人の基準期間における課税売上高及び特定期間における課税売上高が1000万円以下であったとしても、合併法人の基準期間における課税売上高と各被合併法人のその合併法人のその事業年度の基準期間に対応する期間における課税売上高との合計額が1000万円を超えるときは、納税義務は免除されません（消法11④、消基通1-5-1、1-5-4(1)）。

　その事業年度の基準期間に対応する期間における課税売上高とは、合併法人のその事業年度開始の日の2年前の日の前日から同日以後1年を経過する日までの間に終了した各被合併法人の各事業年度における課税売上高の合計額をその各事業年度の月数の合計数で除し、これにその合併法人のその事業年度開始の日の2年前の日の前日から合併があった日の前日までの期間の月数を乗じて計算した金額をいいます（消令22④）。

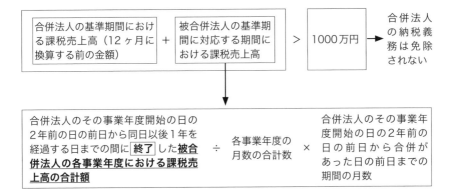

具体的な判定は、次のとおりです。

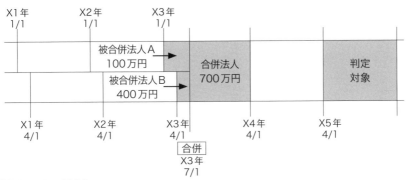

【特例による判定】

その事業年度開始の日の2年前の日の前日は、X3年4月1日です。
同日以後1年を経過する日までの間に終了した被合併法人Aの事業年度における課税売上高は100万円であり、被合併法人Bの事業年度における課税売上高は400万円です。

合併法人　　700万円÷9×12＝9,333,333円 ≦ 1000万円
特例計算　　700万円＋100万円÷6×3＋400万円÷3×3
　　　　　　＝1150万円 ＞ 1000万円

　　　　　　　　　➡ 合併法人は、課税事業者となる。

3. 新設法人又は特定新規設立法人に該当する場合

　上記の特例による計算において、基準期間に対応する期間における課税売上高等が1000万円以下であっても、その基準期間がない課税期間において新設法人又は特定新規設立法人に該当する場合は、納税義務は免除されません（消法12の2①、12の3①）。

4. 課税事業者選択届出書の効力

　被合併法人が提出した課税事業者選択届出書の効力は、合併法人には及びません。したがって、合併法人が課税事業者を選択しようとするときは、新たに課税事業者選択届出書を提出しなければなりません（消基通1-4-13(1)）。

　新設合併については、その設立の日の属する課税期間が、事業を開始した日の属する課税期間となります（消令20一、消基通1-4-13(2)）。

　吸収合併については、被合併法人が課税事業者を選択していた場合には、合併により事業を承継した課税期間は、事業を開始した日の属する課税期間等として取り扱われます（消令20三、消基通1-4-13(2)）。

吸収合併により課税事業者を選択していた被合併法人の事業を承継した場合	→	合併があった日の属する課税期間は、「事業を開始した日の属する課税期間等」となる

5. 簡易課税制度選択届出書の効力

　被合併法人が提出した簡易課税制度選択届出書の効力は、合併法人には及びません。したがって、合併法人が簡易課税制度の適用を受けようとするときは、新たに簡易課税制度選択届出書を提出しなければなりません（消基通13-1-3の3(1)）。

　新設合併については、その設立の日の属する課税期間が、事業を開始した日の属する課税期間となります（消令56①一、消基通13-1-3(2)）。

　吸収合併については、①被合併法人が簡易課税制度の適用を受けていた場合において、②合併があった場合の納税義務の免除の特例により課税事業者となったときは、その合併があった日の属する課税期間は、事業を開始した日の属する課税期間等に該当します（消令56①三、消基通13-1-3(2)）。

　なお、納税義務の判定とは違って、被合併法人の基準期間に対応する期間における課税売上高が、合併法人の簡易課税制度の適用の有無の判定に影響することはありません。

吸収合併による合併法人が ① 吸収合併により簡易課税制度を選択していた被合併法人の事業を承継した場合において、 ② 吸収合併により事業を承継したことにより課税事業者となるとき	→	吸収合併があった日の属する課税期間は、「事業を開始した日の属する課税期間等」となる

6. 課税期間特例選択・変更届出書の効力

　被合併法人が提出した課税期間特例選択・変更届出書の効力は、合併法人には及びません。したがって、合併法人が課税期間の特例の適用を受けようとするときは、新たに課税期間特例選択・変更届出書を提出しなければなりません（消基通3-3-3(1)）。

　新設合併については、その設立の日の属する期間が、事業を開始した日の属する期間となります（消令41①一、消基通3-3-3(2)）。

　吸収合併については、被合併法人が課税期間の特例の適用を受けていた場合には、合併により事業を承継した期間は、事業を開始した日の属する期間として取り扱われます（消令41①四、消基通3-3-3(2)）。

7. 事業用資産の受入れ等

⑴　資産及び負債の承継

　合併にあたっての事業用資産等の移転は、事業の承継に伴う資産及び負債の移転であり、対価を得て行う資産の譲渡又は貸付け並びに役務の提供に該当しません。したがって、資産の種類にかかわらず、消費税の課税関係は生じません。

⑵　棚卸資産に係る調整

　免税事業者が合併により課税事業者となる場合において、課税事業者となった日の前日において、免税事業者であった期間中に仕入れた棚卸資産を有するときは、その棚卸資産に係る税額は、課税事業者となった課税期間の課税仕入れ等の税額とみなされます（消法36①）。

　また、課税事業者が合併により免税事業者であった被合併法人の棚卸

資産を受け入れた場合には、被合併法人が免税事業者であった期間中に仕入れた受入れ棚卸資産に係る税額は、その合併法人のその合併があった課税期間の課税仕入れ等の税額とみなされます（消法36③）。

(3)　調整対象固定資産に係る調整

合併により被合併法人から承継した調整対象固定資産は、事業を承継した合併法人において、次の調整の対象となります（消法33①、34①、35①）。

①　課税売上割合が著しく変動した場合の調整対象固定資産に関する仕入れに係る消費税額の調整

②　調整対象固定資産を転用した場合の仕入れに係る消費税額の調整

ただし、その調整を行うべき課税期間において、合併法人が免税事業者である場合又は簡易課税制度を適用している場合には、調整は行いません。

(4)　長期割賦販売等

合併により、長期割賦販売等につき延払基準の適用を受けている被合併法人の事業を承継した場合には、被合併法人がまだ計上していない部分の売上げについては、合併法人の売上高となります（消法16④）。

(5)　工事進行基準

合併により、工事進行基準の適用を受けている被合併法人の事業を承継した場合には、その請負工事については、被合併法人が計上した売上高を除いたところで、合併法人の売上高とします（消令38②）。

(6)　仕入対価の返還等

合併により事業を承継した合併法人が、被合併法人が行った課税仕入れにつき仕入れに係る対価の返還等を受けた場合には、合併法人が自ら行った課税仕入れにつき対価の返還等を受けたものとして、その返還等対価に係る消費税額を控除対象仕入税額から除きます（消法32⑦）。

⑺　輸入に係る消費税の還付

　合併により事業を承継した合併法人が、被合併法人が保税地域から引き取った課税貨物につき税関長から消費税の還付を受けた場合には、合併法人が自ら引き取った課税貨物につき消費税の還付を受けたものとして、控除対象仕入税額から除きます（消法32⑦）。

⑻　売上対価の返還等

　合併により事業を承継した合併法人が、被合併法人が行った課税売上げにつき、売上げに係る対価の返還等を行った場合には、合併法人が自ら行った課税売上げにつき対価の返還等を行ったものとして、売上対価の返還等に係る消費税額の控除の規定を適用します（消法38③）。

⑼　貸倒れの税額控除

　合併により承継した売掛金等について貸倒れがあった場合には、合併法人が自ら行った課税売上げに係る貸倒れとして、貸倒れに係る消費税額の控除の規定を適用します（消法39④）。

⑽　中間申告

　合併により被合併法人の事業を承継した場合には、合併法人の中間申告の義務の判断及び中間申告納付税額の計算は、被合併法人の確定消費税額を加味して行います。

8. 被合併法人の確定申告等

⑴　申告義務の承継

　合併法人は、被合併法人の申告納税の義務、記録及び帳簿の保存義務を承継します（消法59）。

　また、被合併法人の消費税につき、還付を受けるための申告書を提出することができる場合には、合併法人は、その還付申告書を提出することができます（消法59）。

　被合併法人の資産の譲渡等に係る消費税の申告書は、その合併法人の

納税地を所轄する税務署長に提出します。

⑵　被合併法人の消滅の届出

　合併法人は、被合併法人が消滅した旨の届出書を提出しなければなりません（消法57①五）。

Ⅸ　会社分割があった場合の特例

1. 会社分割の分類

　納税義務の判定にあたり、会社分割は、次のように区分されます。

会社分割	分割等	新設分割	新設分割とは、会社法2条30号に規定する新設分割をいい、一又は二以上の株式会社又は合同会社がその事業に関して有する権利義務の全部又は一部を分割により設立する会社に承継させることをいいます（消法12⑦一）。
		現物出資	現物出資とは、金銭以外の資産を出資することをいいます。 現物出資をした法人が、100％出資して子会社を設立し、その事業を承継させる場合には、納税義務の免除の特例計算を行います（消法12⑦二）。
		事後設立	事後設立とは、株式会社の成立後2年以内に、その成立前から存在する財産で会社の純資産額の1/5を超える価額の固定資産を取得することをいいます（会467①五）。 親会社が100％出資して設立した子会社につき、金銭以外の資産の譲渡の時から予定されており、設立後6月以内に資産を譲渡した場合には、納税義務の免除の特例計算を行います（消法12⑦三、消令23⑨）。
	吸収分割		分割承継法人について、納税義務の免除の特例があります。 分割法人には、納税義務の免除の特例はありません。

　分割した法人を「分割法人」、分割により事業を承継した法人を「分割承継法人」といいます。分割等である場合には、「分割法人」を「新設分割親法人」、「分割承継法人」を「新設分割子法人」といいます。

　法人税法における株式の割り当て先による分割型分割、分社型分割の区分や、適格、不適格の区分は、消費税法には関係ありません。

　ただし、分社型分割以外の分割を行った場合には、その事業年度開始の日から分割の日の前日までの期間及び分割の日からその事業年度の末

日までの期間を事業年度とみなすこととされていることに注意が必要です（法法14三）。この場合の分社型分割とは、分割により分割承継法人の株式その他の資産が分割法人にのみ交付される場合の分割をいいます（法法２十二の十）。分割承継法人の株式等が分割法人及び分割法人の株主等とのいずれにも交付される中間型の分割は分社型分割には当たらず、みなし事業年度が生じることとなります。

　法人が分割を行った場合には、その事業規模が細分化されることになります。そこで、分割があった場合の納税義務については、このことを考慮して判定する特例が設けられています。

　以下においては、一年決算法人を前提として、分割があった場合の取扱いを解説します。なお、月数は、暦に従って計算し、一月に満たない端数を生じたときは、これを一月とします（消令23⑧）。

2. 分割等があった場合の新設分割子法人の納税義務

　新設分割親法人の基準期間に対応する期間における課税売上高が1000万円を超える場合には、新設分割子法人は、分割等があった事業年度及びその翌事業年度において課税事業者となります（消法12①②）。

　新設分割親法人が免税事業者である場合には、原則として、新設分割子法人も免税事業者となりますが、課税事業者を選択した場合や事業年度開始の日の資本金の額が1000万円以上である場合には、課税事業者となります（消法9④、12の2、消基通1-5-17）。

　また、平成25年1月1日以後に開始する事業年度については特定期間における課税売上高による判定を行う必要があり、平成26年4月1日以後に設立される法人については、併せて、特定新規設立法人に該当するかどうかの判定を行うこととなります（消法9の2①、12の3①）。

　その後の事業年度においては、50％を超える支配関係がある限り、特例による判定を行うことになります。

　新設分割子法人の納税義務の判定の全体像は、次頁の表のとおりです。

【新設分割子法人の納税義務の判定】

基準期間なし	基準期間あり
新設分割子法人が課税事業者を選択している場合は、課税事業者となる（消法9④）	

↓

| 新設分割子法人の事業年度開始の日の資本金の額による判定を行う（消法12の2①） | — |

↓

| 特定新規設立法人の判定を行う（消法12の3①） | — |

↓

| 調整対象固定資産の仕入れ等をした場合の納税義務の免除の特例があるか（消法9⑦、12の2②、12の3③） ||

↓

| 高額特定資産の仕入れ等をした場合の特例があるか（消法12の4①） ||

↓

| — | 新設分割子法人の基準期間における課税売上高による判定を行う（消法9①） |

↓

| 新設分割子法人の特定期間における課税売上高による判定を行う（消法9の2①） ||

↓

| 分割等があった事業年度及び翌事業年度
…新設分割親法人の基準期間に対応する期間における課税売上高が1000万円を超える場合には納税義務は免除されない（消法12①） ||

↓

| 分割等があった事業年度の翌々事業年度以後（特定要件に該当する場合）
…新設分割子法人の基準期間における課税売上高及び新設分割親法人の基準期間に対応する期間における課税売上高の合計額が1000万円を超える場合には納税義務は免除されない（消法12②） ||

⑴　分割子法人の分割等があった事業年度の納税義務

　分割等があった場合において、新設分割親法人のその分割等により設立された新設分割子法人の分割等があった日の属する事業年度の基準期間に対応する期間における課税売上高（新設分割親法人が二以上ある場合には、いずれかの新設分割親法人に係る課税売上高）が1000万円を超えるときは、その新設分割子法人のその分割等があった日からその分割等があった日の属する事業年度終了の日までの間は、納税義務は免除

されません（消法12①）。

　基準期間に対応する期間における課税売上高とは、新設分割子法人の分割等があった日の属する事業年度開始の日の2年前の日の前日から同日以後1年を経過する日までの間に終了した新設分割親法人の各事業年度における課税売上高の合計額をいいます（消令23①）。その期間が1年でない場合は、その課税売上高の合計額をその各事業年度の月数の合計数で除し、これに12を乗じて計算した金額とします（消令23①）。

　具体的な判定は、次のとおりです。

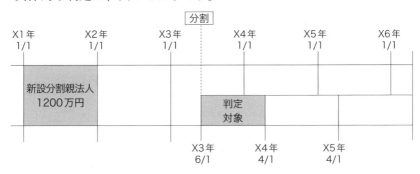

【特例による判定】

　新設分割子法人の分割等があった日の属する事業年度開始の日の2年前の日の前日から同日以後1年を経過する日までの間に終了した新設分割親法人の各事業年度における課税売上高は、1200万円です。

　1200万円 ＞ 1000万円 ➡ 新設分割子法人は、課税事業者となる。

⑵　分割子法人の分割等があった事業年度の翌事業年度の納税義務

　新設分割子法人の分割等があった事業年度の翌事業年度においては、新設分割親法人のその分割等により設立された新設分割子法人のその事業年度の基準期間に対応する期間における課税売上高（新設分割親法人が二以上ある場合には、いずれかの新設分割親法人に係る課税売上高）が1000万円を超えるときは、その新設分割子法人のその事業年度の納税義務は免除されません（消法12②）。

　基準期間に対応する期間における課税売上高とは、新設分割子法人のその事業年度開始の日の2年前の日の前日から同日以後1年を経過する日までの間に終了した新設分割親法人の各事業年度における課税売上高の合計額をいいます（消令23②）。その期間が12ヶ月でない場合は、その課税売上高をその各事業年度の月数の合計数で除し、これに12を乗じて計算した金額とします（消令23②）。

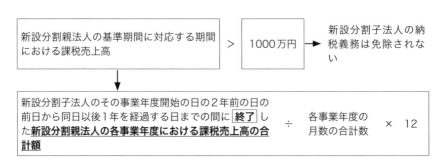

　具体的な判定は、次のとおりです。

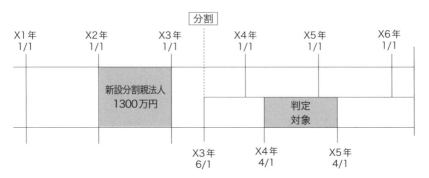

【特例による判定】

> 新設分割子法人のその事業年度開始の日の2年前の日の前日から同日以後1年を経過する日までの間に終了した新設分割親法人の各事業年度における課税売上高は、1300万円です。
>
> 1300万円 ＞ 1000万円 ➡ 新設分割子法人は、課税事業者となる。

⑶ 分割子法人の分割等の翌々事業年度以後の納税義務

　新設分割子法人の分割等の翌々事業年度以後の事業年度については、その事業年度の基準期間の末日において新設分割子法人が「特定要件」に該当する場合に特例が適用されます（消法12③）。期間の定めはありません。

　新設分子法人の基準期間における課税売上高が1000万円以下であっても、新設分割子法人の基準期間における課税売上高と新設分割親法人の新設分割子法人のその事業年度の基準期間に対応する期間における課税売上高との合計額が1000万円を超えるときは、新設分割子法人の納税義務は免除されません。

　新設分割親法人の基準期間に対応する期間における課税売上高とは、新設分割子法人のその事業年度開始の日の2年前の日の前日から同日以後1年を経過する日までの間に開始した新設分割親法人の各事業年度における課税売上高の合計額をいいます（消令23③④）。特定事業年度が1年でない場合は、その課税売上高をその特定事業年度の月数の合計数で除し、これに12を乗じて計算した金額とします（消令23④）。

　ただし、分割等の翌々事業年度以後においては、新設分割親法人が複数ある場合には、特例の対象となりません（消法12③）。

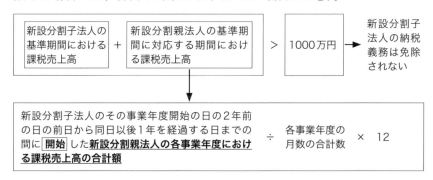

具体的な判定は、次のとおりです。

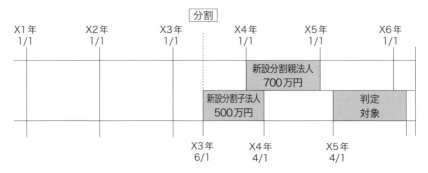

【特例による判定】

新設分割子法人の基準期間における課税売上高は600万円（500万円÷10×12）
です。
特定事業年度（新設分割子法人のその事業年度開始の日の2年前の日の前日から同
日以後1年を経過する日までの間に開始した新設分割親法人の事業年度）の新設分割
親法人の課税売上高は、700万円です。

600万円＋700万円＝1300万円 ＞ 1000万円 ➡ 新設分割子法人は、課税事業者
　　　　　　　　　　　　　　　　　　　　　　　　となる。

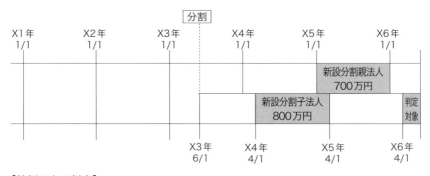

【特例による判定】

新設分割子法人の基準期間における課税売上高は800万円です。
特定事業年度（新設分割子法人のその事業年度開始の日の2年前の日の前日から同
日以後1年を経過する日までの間に開始した新設分割親法人の事業年度）の新設分割
親法人の課税売上高は、700万円です。

800万円＋700万円＝1500万円 ＞ 1000万円 ➡ 新設分割子法人は、課税事業者
　　　　　　　　　　　　　　　　　　　　　　　　となる。

⑷ 特定事業年度中に分割等があった場合の納税義務

特定事業年度中に分割等があった場合には、特例の判定に用いる新設分割子法人の基準期間における課税売上高は、その12ヶ月に換算した課税売上高を特定事業年度の月数の合計数で除し、これに分割等があった日から特定事業年度終了の日までの期間の月数を乗じて計算した金額となります（消令23③④）。

「特定事業年度」とは、新設分割子法人のその事業年度開始の日の2年前の日の前日から同日以後1年を経過する日までの間に開始した新設分割親法人の各事業年度をいいます（消令23③）。

特例判定に用いる新設分割子法人の基準期間における課税売上高	=	新設分割子法人の基準期間における課税売上高（12ヶ月に換算した金額）	÷	特定事業年度の月数の合計数	×	分割等があった日から特定事業年度の最後の事業年度終了の日までの期間の月数

具体的な判定は、次のとおりです。

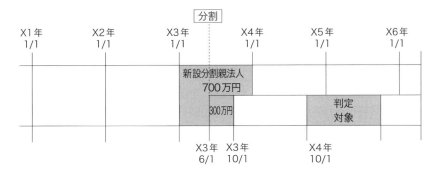

【特例による判定】

新設分割子法人の基準期間における課税売上高は、900万円（300万円÷4×12）です。
特定事業年度中の新設分割親法人の各事業年度における課税売上高は、700万円です。

900万円÷12×7＋700万円＝1225万円＞1000万円 ➡ 新設分割子法人は、課税事業者となる。

3. 分割等があった場合の新設分割親法人の納税義務

　新設分割親法人の分割事業年度及び翌事業年度は、分割に関係なく、新設分割親法人の基準期間における課税売上高により判定します。

　新設分割親法人の分割等の翌々事業年度以後は、特定要件に該当する場合には、新設分割親法人の基準期間における課税売上高と新設分割子法人の基準期間に対応する期間の課税売上高との合計額により判定することとなります（消法12④）。期間の定めはありません。新設分割親法人が複数の場合には、特例計算は要しません。

【新設分割親法人の納税義務の判定】

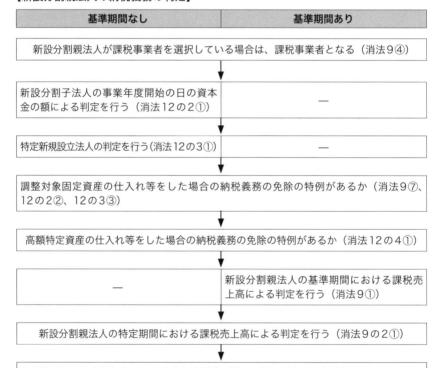

基準期間なし	基準期間あり
新設分割親法人が課税事業者を選択している場合は、課税事業者となる（消法9④）	
新設分割子法人の事業年度開始の日の資本金の額による判定を行う（消法12の2①）	—
特定新規設立法人の判定を行う（消法12の3①）	—
調整対象固定資産の仕入れ等をした場合の納税義務の免除の特例があるか（消法9⑦、12の2②、12の3③）	
高額特定資産の仕入れ等をした場合の納税義務の免除の特例があるか（消法12の4①）	
—	新設分割親法人の基準期間における課税売上高による判定を行う（消法9①）
新設分割親法人の特定期間における課税売上高による判定を行う（消法9の2①）	
分割等があった事業年度の翌々事業年度以後（特定要件に該当する場合） 　新設分割親法人の基準期間における課税売上高と新設分割子法人の基準期間に対応する期間の課税売上高との合計額が1000万円を超える場合には納税義務は免除されない（消法12④）	

⑴ 新設分割親法人の基準期間中に分割等があった場合

　新設分割親法人のその事業年度の基準期間の初日の翌日からその事業年度開始の日の一年前の日の前々日までの間に分割等があった場合には、新設分割親法人の基準期間における課税売上高と新設分割子法人の基準期間に対応する期間における課税売上高との合計額が1000万円を超える場合には、その新設分割子法人のその事業年度の納税義務は免除されません（消法12④）。

　新設分割子法人の基準期間に対応する期間における課税売上高は、新設分割親法人のその事業年度開始の日の2年前の日の前日から同日以後1年を経過する日までの間に開始した新設分割子法人の各事業年度における課税売上高の合計額をその各事業年度の月数の合計数で除し、これに12を乗じて計算した金額を、新設分割親法人の基準期間に含まれる事業年度の月数の合計で除し、これに分割等があった日から新設分割親法人の基準期間の末日までの期間の月数を乗じて計算します（消令23⑤）。

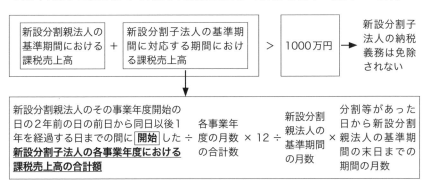

　具体的には、次のようになります。

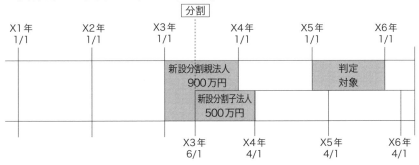

【特例による判定】

> 新設分割親法人の基準期間における課税売上高は900万円です。
> 新設分割親法人のその事業年度開始の日の2年前の日の前日から同日以後1年を経過する日までの間に開始した新設分割子法人の各事業年度における課税売上高は、500万円です。
>
> 900万円＋500万円÷10×12÷12×7＝1250万円 ＞ 1000万円
> 　　　　　　　　　　　　→ 新設分割子法人は、課税事業者となる。

⑵　その後の事業年度

　その後の事業年度においては、新設分割子法人の基準期間に対応する期間の課税売上高は、新設分割親法人のその事業年度開始の日の2年前の日の前日から同日以後1年を経過する日までの間に開始した新設分割子法人の各事業年度における課税売上高の合計額をいいます（消令23⑤）。その期間が12ヶ月でない場合は、その課税売上高をその各事業年度の月数の合計数で除し、これに12を乗じて計算した金額とします（消令23⑤）。

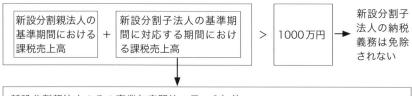

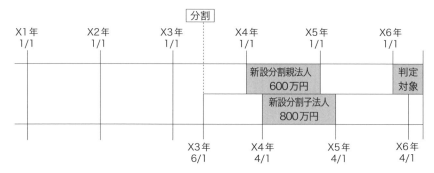

　具体的な判定は、次のとおりです。

【特例による判定】

> 　新設分割親法人の基準期間における課税売上高は600万円です。
> 　新設分割親法人のその事業年度開始の日の2年前の日の前日から同日以後1年を経過する日までの間に開始した新設分割子法人の各事業年度における課税売上高は、800万円です。
>
> 　600万円＋800万円＝1400万円 ＞ 1000万円 　➡　新設分割子法人は、課税事業
> 　　　　　　　　　　　　　　　　　　　　　　　　　　　者となる。

4. 特定要件に該当する場合

　特定要件に該当する場合とは、新設分割子法人の発行済株式又は出資（自己株式等を除きます。）の総数又は総額の50％を超える数又は金額の株式又は出資が新設分割親法人及び新設分割親法人と特殊な関係にある者の所有に属する場合をいいます（消法12③）。

①　特殊な関係にある者

　特殊な関係にある者とは、次の者をいいます（消令24①）。

一　新設分割親法人の株主等の一人（個人に限り、次の者を含む）が新設分割親法人を支配している場合における当該株主等の一人

　イ　当該株主等の親族

　ロ　当該株主等と婚姻の届出をしていないが事実上婚姻関係と同様の事情にある者

　ハ　当該株主等の使用人

　ニ　イからハまでに掲げる者以外の者で当該株主等から受ける金銭その他の資産によって生計を維持しているもの

　ホ　ロからニまでに掲げる者と生計を一にするこれらの者の親族

二　新設分割親法人の株主等の一人（個人である株主等については、その者と上記一のイからホまでに規定する関係のある個人を含む）及び次に掲げる会社が新設分割親法人を支配している場合における当該株主等の一人及び次に掲げる会社

　イ　当該株主等の一人が他の会社を支配している場合における当該他の会社

　ロ　当該株主等の一人及びこれとイに規定する関係のある会社が他

の会社を支配している場合における当該他の会社

　ハ　当該株主等の一人並びにこれとイ及びロに規定する関係のある
　　　会社が他の会社を支配している場合における当該他の会社

三　新設分割親法人の二以上の株主等（同一の個人又は法人と上記二
　　のイからハまでに規定する関係のある会社に限る。）及びそれぞれ
　　これらの株主等と上記二のイからハまでに規定する関係のある会社
　　が新設分割親法人を支配している場合における当該二以上の株主等
　　及び当該関係のある会社

四　次に掲げる会社

　イ　新設分割親法人が他の会社を支配している場合における当該他
　　　の会社

　ロ　新設分割親法人及びこれとイに規定する関係のある会社が他の
　　　会社を支配している場合における当該他の会社

　ハ　新設分割親法人並びにこれとイ及びロに規定する関係のある会
　　　社が他の会社を支配している場合における当該他の会社

② **新設分割親法人を支配している場合**

次に掲げる場合のいずれかに該当する場合をいいます（消令24②）。

一　新設分割親法人の発行済株式又は出資（自己株式を除く。）の総数又
　　は総額の50％を超える数又は金額の株式又は出資を有する場合

二　新設分割親法人の次に掲げる議決権のいずれかにつき、その総数
　　（当該議決権を行使することができない株主等が有する当該議決権
　　の数を除く。）の50％を超える数を有する場合

　イ　事業の全部若しくは重要な部分の譲渡、解散、継続、合併、分
　　　割、株式交換、株式移転又は現物出資に関する決議に係る議決権

　ロ　役員の選任及び解任に関する決議に係る議決権

　ハ　役員の報酬、賞与その他の職務執行の対価として会社が供与す
　　　る財産上の利益に関する事項についての決議に係る議決権

　ニ　剰余金の配当又は利益の配当に関する決議に係る議決権

三　新設分割親法人の株主等（合名会社、合資会社又は合同会社の社
　　員（業務を執行する社員を定めた場合には業務を執行する社員）に

限る。）の総数の半数を超える数を占める場合

「他の会社を支配している場合」についても同様に判断します（消令24③）。

また、新設分割子法人の株主等（合名会社、合資会社又は合同会社の社員（業務を執行する社員を定めた場合は業務を執行する社員）に限る。）の総数の半数を超える数を新設分割親法人等が占める場合においても、特定要件に該当するものとなります（消令24④）。

③ 議決権を行使することに同意している者

個人又は法人との間でその個人又は法人の意思と同一の内容の議決権を行使することに同意している者がある場合には、その者が有する議決権はその個人又は法人が有するものとみなし、かつ、その個人又は法人はその議決権に係る会社の株主等であるものとみなします（消令24⑤）。

5. 吸収分割に係る分割承継法人の納税義務

吸収分割を行った場合、分割承継法人の分割事業年度とその翌事業年度について、特例計算を行います。

分割法人又は分割承継法人のいずれかの基準期間における課税売上高が1000万円を超える場合には、納税義務は免除されません。吸収分割の場合、両者を合算して判定することはありません。

【吸収分割に係る分割承継法人の納税義務の判定】

基準期間なし	基準期間あり
分割承継法人が課税事業者を選択している場合は、課税事業者となる（消法9④）	
分割承継法人の事業年度開始の日の資本金の額による判定を行う（消法12の2①）	―
特定新規設立法人の判定を行う（消法12の3①）	―
新設法人又は特定新規設立法人が調整対象固定資産の仕入れ等をした場合の納税義務の免除の特例があるか（消法9⑦、12の2②、12の3③）	

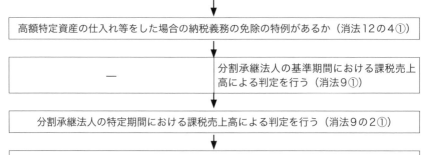

(1) 吸収分割があった事業年度

　吸収分割があった事業年度は、分割承継法人の基準期間における課税売上高及び特定期間における課税売上高が1000万円以下であっても、分割法人の基準期間に対応する期間における課税売上高が1000万円を超えるときは、その吸収分割があった日からその事業年度終了の日までの間については、その分割承継法人の納税義務は免除されません（消法12⑤）。

　分割法人の基準期間に対応する期間における課税売上高は、その分割承継法人の吸収分割があった日の属する事業年度開始の日の2年前の日の前日から同日以後1年を経過する日までの間に終了した分割法人の各事業年度における課税売上高の合計額をその各事業年度の月数の合計数で除し、これに12を乗じて計算します（消令23⑥）。

この場合、特例による納税義務の判定は、次のようになります。

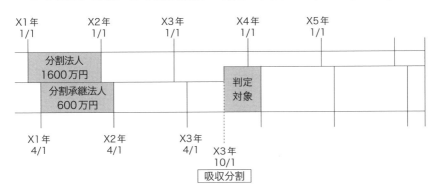

【特例による判定】

> 吸収分割があった日の属する事業年度開始の日の2年前の日の前日は、X1年4月1日です。同日以後1年を経過する日までの間に終了した分割法人の事業年度における課税売上高は1600万円です。
>
> 　　　分割承継法人　　600万円 ≦ 1000万円
> 　　　分割法人　　　　1600万円 ＞ 1000万円　→　分割承継法人は、X3年10月1日以後は課税事業者となる。

⑵　吸収分割があった事業年度の翌事業年度

　吸収分割があった事業年度の翌事業年度は、分割承継法人の基準期間における課税売上高及び特定期間における課税売上高が1000万円以下であっても、分割法人の基準期間に対応する期間における課税売上高が1000万円を超える場合には、その分割承継法人の納税義務は免除されません（消法12⑥）。

　分割法人の基準期間に対応する期間における課税売上高は、分割承継法人のその事業年度開始の日の2年前の日の前日から同日以後1年を経過する日までの間に終了した分割法人の各事業年度における課税売上高の合計額をその各事業年度の月数の合計数で除し、これに12を乗じて計算します（消令23⑦）。

分割法人の基準期間に対応する期間における課税売上高	＞	1000万円	→	分割承継法人の納税義務は免除されない

分割承継法人のその事業年度開始の日の2年前の日の前日から同日以後1年を経過する日までの間に 終了 した**分割法人の各事業年度における課税売上高の合計額**　÷　各事業年度の月数の合計数　×　12

この場合、特例による納税義務の判定は、次のようになります。

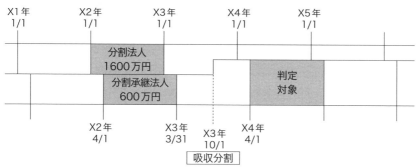

【特例による判定】

その事業年度開始の日の2年前の日の前日は、X2年4月1日です。

同日以後1年を経過する日までの間に終了した分割法人の事業年度における課税売上高は1600万円です。

1600万円 ＞ 1000万円 → 分割承継法人は、課税事業者となる。

6. 分割法人の納税義務

分割法人には、吸収分割を行った場合の納税義務の免除の特例計算は、ありません。

【吸収分割に係る分割法人の納税義務の判定】

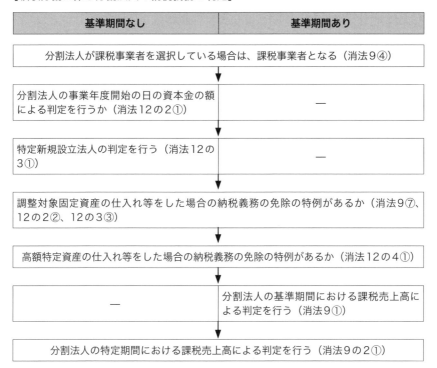

基準期間なし	基準期間あり
分割法人が課税事業者を選択している場合は、課税事業者となる（消法9④）	
分割法人の事業年度開始の日の資本金の額による判定を行うか（消法12の2①）	—
特定新規設立法人の判定を行う（消法12の3①）	—
調整対象固定資産の仕入れ等をした場合の納税義務の免除の特例があるか（消法9⑦、12の2②、12の3③）	
高額特定資産の仕入れ等をした場合の納税義務の免除の特例があるか（消法12の4①）	
—	分割法人の基準期間における課税売上高による判定を行う（消法9①）
分割法人の特定期間における課税売上高による判定を行う（消法9の2①）	

7. 新設法人又は特定新規設立法人に該当する場合

　上記の特例による計算において、基準期間に対応する期間における課税売上高等が1000万円以下であっても、その基準期間がない課税期間において新設法人又は特定新規設立法人に該当する場合は、納税義務は免除されません（消法12の2①、12の3①）。

8. 分割等があった場合の課税事業者選択等の取扱い

⑴　課税事業者選択届出書の効力

　新設分割親法人が提出した課税事業者選択届出書の効力は、新設分割子法人には及びません。したがって、新設分割子法人が課税事業者を選択しようとするときは、新たに課税事業者選択届出書を提出しなければなりません（消基通1-4-13の2(1)）。

　この場合、新設分割によりその事業を承継した課税期間は、事業を開始した日の属する課税期間となります（消基通1–4–13の2(2)）。

新設分割により新設分割親法人の事業を承継した場合	→	新設分割があった日の属する課税期間は、「事業を開始した日の属する課税期間等」となる

(2)　簡易課税制度の適用

　新設分割親法人が提出した簡易課税制度選択届出書の効力は、新設分割子法人には及びません。したがって、新設分割子法人が簡易課税制度の適用を受けようとするときは、新たに簡易課税制度選択届出書を提出しなければなりません（消基通13–1–3の4(1)）。

　この場合、分割等によりその事業を承継した課税期間は、事業を開始した日の属する課税期間となります（消基通13–1–3の4(2)）。

(3)　分割等があった場合の簡易課税制度適用の上限の判定

　新設分割子法人又は新設分割親法人の簡易課税制度の適用の判定にあたっては、分割等があった場合の納税義務の免除の特例の場合に準じて、新設分割親法人又は新設分割子法人の基準期間に対応する期間における課税売上高を加味して、その適用の有無を判定します（消法37①、消令55）。

(4)　課税期間特例選択・変更届出書の効力

　新設分割親法人が提出した課税期間特例選択等届出書の効力は、新設分割子法人には及びません。したがって、新設分割子法人が課税期間の特例の適用を受けようとするときは、新たに課税期間特例選択等届出書を提出しなければなりません（消基通3–3–4(1)）。

　新設分割によりその事業を承継した期間は、事業を開始した日の属する期間となります（消基通3–3–4(2)）。

9. 吸収分割があった場合の課税事業者選択等の取扱い

(1) 課税事業者選択届出書の効力

分割法人が提出した課税事業者選択届出書の効力は、分割承継法人には及びません。したがって、分割承継法人が課税事業者を選択しようとするときは、新たに課税事業者選択届出書を提出しなければなりません（消基通1-4-13の2(1)）。

この場合、分割法人が課税事業者を選択していた場合には、吸収分割により事業を承継した課税期間は、事業を開始した日の属する課税期間として取り扱われます（消令20四、消基通1-4-13の2(2)）。

吸収分割により課税事業者を選択していた分割法人の事業を承継した場合	→ 吸収分割があった日の属する課税期間は、「事業を開始した日の属する課税期間等」となる

(2) 簡易課税制度選択届出書の効力

分割法人が提出した簡易課税制度選択届出書の効力は、分割承継法人には及びません。したがって、分割承継法人が簡易課税制度の適用を受けようとするときは、新たに簡易課税制度選択届出書を提出しなければなりません（消基通13-1-3の4(1)）。

この場合、①分割法人が簡易課税制度の適用を受けていた場合において、②分割承継法人が、吸収分割があった場合の納税義務の特例により課税事業者となったときは、その吸収分割があった日の属する課税期間は、事業を開始した日の属する課税期間として取り扱われます（消令56①四、消基通13-1-4(2)）。

なお、納税義務の判定とは違って、分割法人の基準期間に対応する期間における課税売上高が、分割承継法人の簡易課税制度の適用の有無の判定に影響することはありません。

```
┌─────────────────────────────────┐        ┌─────────────────────────────┐
│ 分割承継法人が                  │        │ 吸収分割があった日の属する課税期間 │
│ ① 吸収分割により簡易課税制度を選 │        │ は、「事業を開始した日の属する課税期 │
│   択していた分割法人の事業を承継し │  ──▶  │ 間等」となる                 │
│   た場合において、              │        │                             │
│ ② 吸収分割等により事業を承継した │        │                             │
│   ことにより課税事業者となるとき │        │                             │
└─────────────────────────────────┘        └─────────────────────────────┘
```

⑶　課税期間特例選択・変更届出書の効力

　分割法人が提出した課税期間特例選択等届出書の効力は、分割承継法人には及びません。したがって、分割承継法人が課税期間の特例の適用を受けようとするときは、新たに課税期間特例選択等届出書を提出しなければなりません（消基通3-3-4(1)）。

　この場合、分割法人が課税期間の特例の適用を受けていた場合には、吸収分割により事業を承継した期間は、事業を開始した日の属する期間として取り扱われます（消令41①四、消基通3-3-4）。

10. 事業用資産の受入れ等

⑴　資産及び負債の承継

　会社分割にあたっての事業用資産等の移転は、事業の承継に伴う資産及び負債の移転であり、対価を得て行う資産の譲渡又は貸付け並びに役務の提供に該当しません。したがって、資産の種類にかかわらず、その承継について消費税の課税関係は生じません。

⑵　棚卸資産に係る調整

　免税事業者が会社分割により課税事業者となる場合において、課税事業者となった日の前日において、免税事業者であった期間中に仕入れた棚卸資産を有するときは、その棚卸資産に係る税額は、課税事業者となった課税期間の課税仕入れ等の税額とみなされます（消法36①）。

　また、課税事業者が会社分割により免税事業者であった分割法人（新設分割親法人を含みます。以下同じ。）の棚卸資産を受け入れた場合には、分割法人が免税事業者であった期間中に仕入れた受入れ棚卸資産に係る税額は、その分割承継法人（新設分割子法人を含みます。以下同じ。）

のその分割があった課税期間の課税仕入れ等の税額とみなされます（消法36③）。

(3)　調整対象固定資産に係る調整

会社分割により分割法人から承継した調整対象固定資産は、事業を承継した分割承継法人において、次の調整の対象となります（消法33①、34①、35①）。

① 課税売上割合が著しく変動した場合の調整対象固定資産に関する仕入れに係る消費税額の調整

② 調整対象固定資産を転用した場合の仕入れに係る消費税額の調整

ただし、その調整を行うべき課税期間において、分割承継法人が免税事業者である場合又は簡易課税制度を適用している場合には、調整は行いません。

(4)　長期割賦販売等

会社分割により、長期割賦販売等につき延払基準の適用を受けている分割法人の事業を承継した場合には、分割法人がまだ計上していない部分の売上げについては、分割承継法人の売上高となります（消法16④）。

(5)　工事進行基準

会社分割により、工事進行基準の適用を受けている分割法人の事業を承継した場合には、その請負工事については、分割法人が計上した売上高を除いたところで、分割承継法人の売上高とします（消令38②）。

(6)　仕入対価の返還等

会社分割により事業を承継した分割承継法人が、分割法人が行った課税仕入れにつき仕入れに係る対価の返還等を受けた場合には、分割承継法人が自ら行った課税仕入れにつき対価の返還等を受けたものとみなして、その返還等対価に係る消費税額を控除対象仕入税額から除きます

（消法32⑦）。

⑺　輸入に係る消費税の還付

　会社分割により事業を承継した分割承継法人が、分割法人が保税地域から引き取った課税貨物につき税関長から消費税の還付を受けた場合には、分割承継法人が自ら引き取った課税貨物につき消費税の還付を受けたものとみなして、控除対象仕入税額から除きます（消法32⑦）。

⑻　売上対価の返還等

　会社分割により事業を承継した分割承継法人が、分割法人が行った課税売上げにつき、売上げに係る対価の返還等を行った場合には、分割承継法人が自ら行った課税売上げにつき対価の返還等を行ったものとみなして、売上対価の返還等に係る消費税額の控除の規定を適用します（消法38③）。

⑼　貸倒れの税額控除

　会社分割により承継した売掛金等について貸倒れがあった場合には、分割承継法人が自ら行った課税売上げに係る貸倒れとみなして、貸倒れに係る消費税額の控除の規定を適用します（消法39④）。

⑽　中間申告

　会社分割により分割法人の事業を承継した場合であっても、分割承継法人の中間申告の義務の判断及び中間申告納付税額の計算に分割法人の確定消費税額が影響することはありません。

X 法人課税信託に係る特例

1. 受益者等課税信託

　信託にあたっては、信託財産の財産権を受託者に移転することによってその財産の管理・処分権は受託者に与えられ、受託者は、自己の固有財産や他の信託財産とは明確に区分して、委託者の信託目的に従ってその信託財産の管理、処分を行います。受託者は報酬を受けるにとどまり、信託の利益は受益者が享受し、信託契約の終了時には、信託財産は委託者又は受益者に移転します。

　このように、信託制度は、財産の所有及び管理とその収益とを分離して、その実質的な利益をすべて受益者に享受させようとする制度であり、信託財産の所有権の移転は形式的なものにすぎません。したがって、その信託財産は受益者に帰属するものとして、信託の収益が発生した時点で受益者に課税するのが原則です。このような取扱いを受ける信託を受益者等課税信託といいます。

　受益者等課税信託については、原則として、信託の開始に際し信託契約に基づいて委託者がその財産を委託者に移転する行為、又は、信託の終了により信託会社から委託者又は受託者に信託財産を移転する行為は資産の譲渡等には該当しないものとされます。

　また、信託財産に係る資産取引等（資産の譲渡等、課税仕入れ、特定課税仕入れ及び課税貨物の引取り）は、受益者が行ったものとみなして課税します（消法14①、消基通9−1−29）。

　ただし、法人税法2条に規定する「集団投資信託」「法人課税信託」「退職年金等信託」「特定公益信託等」については、その資産等取引は受託者に帰属するものとされます（消法14①）。

2. 法人課税信託

　法人税法2条29号ハに規定する特定受益証券発行信託又は同法2条29号の2に規定する法人課税信託の委託者が金銭以外の資産の信託をした場合における資産の移転、受益者がその信託財産に属する資産を有するものとみなされる信託が法人課税信託に該当することとなった場合に法人税法4条の7第9号に規定する出資があったものとみなされるものについては、その資産の移転のときに、移転時の時価をもってその資産の譲渡があったものとなります（消令2①三）。

⑴　固有事業者と受託事業者

　法人課税信託の受託者は、各法人課税信託の信託資産等及び固有資産等ごとにそれぞれ別の者とみなして、消費税法の各規定を適用します（消法15①）。また、個人事業者が受託事業者である場合には、その受託事業については、法人とみなされます（消法15③）。

　この場合、信託資産等が帰属するとみなされた者を受託事業者といい、固有資産等が帰属するとみなされた者を固有事業者といいます。

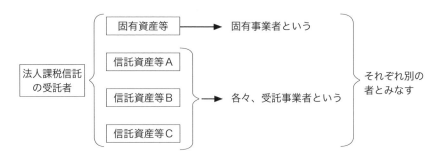

【用語の説明】

法人課税信託	：法人税法2条29号の2に規定する法人課税信託（消法14①）
資産等取引	：資産の譲渡等、課税仕入れ及び課税貨物の保税地域からの引取り（消法14①）
信託資産等	：信託財産に属する資産及び当該信託財産に係る資産等取引（消法15①）
固有資産等	：法人課税信託の信託資産等以外の資産及び資産等取引（消法15①）
受託事業者	：法人課税信託の受託者について、法人課税信託に係る信託資産等が帰属する者として消費税法の規定を適用する場合における当該受託者（格別に法人とみなされる）（消法15②③）
固有事業者	：法人課税信託の受託者について、固有資産等が帰属する者として消費税法を適用する場合における当該受託者（消法15④）

3. 固有事業者の基準期間における課税売上高

　法人課税信託の固有事業者については、その納税義務の判定及び簡易課税制度の適用の判定に用いる基準期間における課税売上高は、次のとおり計算します（消法15④、消令27①②）。

> 固有事業者の基準期間における課税売上高 ＝ ①＋②
>
> ①　固有事業者の固有資産等に係る基準期間における課税売上高
> ②　固有事業者の基準期間の初日から1年以内に終了した受託事業者の各事業年度における課税売上高

4. 受託事業者の納税義務

　受託事業者が課税事業者であるか免税事業者であるかは、その課税期間の初日における固有事業者の納税義務の有無により判定します（消法

15⑥⑦⑪、消基通4−4−1）。

　したがって、基準期間における課税売上高が1000万円超である場合のほか、課税事業者を選択している場合、合併や分割があった場合の特例により固有事業者が課税事業者となる場合には、受託事業者も課税事業者となります（消法15⑦）。

　また、受託事業者は、固有事業者とは別に独立して課税事業者を選択することはできません（消基通4−4−3）。

5. 受託事業者の簡易課税制度の適用関係

　受託事業者の簡易課税制度の適用の有無は、その課税期間の初日において固有事業者に簡易課税制度の適用があるかどうかにより判定します（消法15⑧、消基通4−4−2）。

　受託事業者は、固有事業者とは別に独立して簡易課税制度を選択することはできません（消基通4−4−3）。

6. 受託事業者の課税期間の短縮

　受託事業者は、固有事業者とは別に独立して課税期間の短縮の特例の適用を受けることができます（消基通4−4−3）。

7. 課税売上割合に準ずる割合

　受託事業者は、固有事業者とは別に独立して課税売上割合に準ずる割合の承認申請をし、その承認を受けて適用することができます（消基通4−4−3）。

Q 当社は、東京本店ではマンションの賃貸事業を行っていますが、このたび、大阪支店を開設して輸出事業を開始しました。大阪支店だけ消費税の課税事業者を選択することはできますか。

A 課税事業者の選択は、その事業者が納税義務の免除の規定の適用を受けないことを選択するものです。

したがって、事業者の事業所ごと、支店ごとに選択する、一般会計・特別会計などの会計ごとに選択するといった取扱いはありません。また、法人の支配関係や法人税の連結納税の有無に関係なく、一の事業者を単位とします。

Q 基準期間における課税売上高が1000万円を超えた場合には、課税事業者選択届出書の効力は消滅しますか。

A 課税事業者選択届出書は、その基準期間における課税売上高が1000万円以下である課税期間について課税事業者となることを選択するものですから、その届出書を提出したことにより課税事業者となった後において基準期間における課税売上高が1000万円を超え、再び基準期間における課税売上高が1000万円以下となった場合であっても、課税事業者選択不適用届出書又は事業廃止の届出書を提出しない限り課税事業者選択届出書の効力は存続し、課税事業者となります（消基通1-4-11）。

Q 事業を廃止した場合には、課税事業者選択の効力は消滅しますか。

A 課税事業者選択届出書の効力は、その選択をやめる旨の届出書又は事業を廃止した旨の届出書を提出しない限り存続します（消法9⑧）。

なお、事業を廃止した場合には、課税事業者選択不適用届出書、課税

期間特例選択不適用届出書、簡易課税制度選択不適用届出書のいずれか
について、事業を廃止する旨の届出書の提出があったときは、他の事業
を廃止する旨の届出書の提出があったものとして取り扱われます（消基
通1-4-15）。

　また、事業廃止届出書の提出があったときは、課税事業者選択不適用
届出書、課税期間特例選択不適用届出書、簡易課税制度選択不適用届出
書について、事業を廃止する旨の届出書の提出があったものとして取り
扱われます（消基通1-4-15）。

Q 資本金500万円で設立した法人がその設立した事業年度におい
て資本金1000万円に増資した場合、新設法人に該当することと
なりますか。

A 　新設法人に該当するかどうかの判定は、その基準期間がない
事業年度の開始の日における資本金の額により判定します（消
法12の1①）。したがって、設立時の資本金の額が1000万円未満であ
る法人が、その事業年度において資本金1000万円に増資した場合には、
設立第1期は新設法人に該当せず、設立第2期には新設法人に該当する
ことになります。

Q 新規設立法人X社を50％を超えて支配する法人Aの100％親会
社Bは、新規設立法人X社の判定対象者になりますか。

A 　特定新規設立法人に該当するかどうかは、判定対象者の基準
期間相当期間における課税売上高が5億円を超えているかどうか
により判定します。

　判定対象者は、特定要件の判定の基礎となった者のうち新規設立法人
の株主等である者及びその者が完全支配する法人等（特殊関係法人）です。

　A社及びB社は、いずれもX社を直接又は間接に支配する他の者とな
りますが、B社は、X社の株主等ではないので、判定対象者にはなりま
せん。X社を支配する者のうち判定対象者となるのはA社のみです。

Q 新規設立法人Ｘ社を50％を超えて支配する法人Ａの100％子会社Ｃ（新規設立法人の兄弟会社）は、新規設立法人の判定対象者になりますか。

A 　特定新規設立法人に該当するかどうかは、判定対象者の基準期間相当期間における課税売上高が5億円を超えているかどうかにより判定します。

判定対象者は、特定要件の判定の基礎となった者のうち新規設立法人の株主等である者及びその者が完全支配する法人等（特殊関係法人）です。

Ａ社は、Ｘ社を支配する者であり株主であるため判定対象者となります。

また、Ｃ社は、Ｘ社を支配する者ではありませんが、Ｘ社を支配しかつＸ社の株主等であるＡ社の特殊関係法人であるため、判定対象者となります。

Ａ社又はＣ社の基準期間相当期間における課税売上高のいずれかが5億円を超えている場合には、Ｘ社は、特定新規設立法人となります。

Q 簡易課税制度の適用上限についても、相続により被相続人の事業を承継した場合の納税義務の判定に準じるのですか。

A 相続により事業を承継した場合の納税義務の免除の特例の取扱いは、納税義務の判定について、被相続人の基準期間における課税売上高を用いるということであって、判定に用いた金額を相続人の基準期間における課税売上高とみなすというものではありません。

　したがって、特例により相続人の納税義務が免除されない場合であっても、相続人の基準期間における課税売上高が5000万円以下であるかどうかにより、簡易課税制度の適用の有無を判断します。

Q 昨年に父が亡くなり、その事業を承継した母が本年に亡くなりました。母の事業を承継した私の納税義務は、父の課税売上高を加算して判定するのですか。

A 平成15年度税制改正前において、消費税法施行令21条2項は、相次相続があった場合に、第二次相続の相続人の納税義務は、第一次相続の被相続人の基準期間における課税売上高を加えて判断する旨を規定していました。しかし、平成15年度の税制改正において、事業者免税点が3000万円から1000万円に引き下げられたことに伴い、制度の簡素化等の観点から、消費税法施行令21条2項は削除され、この取扱いは、平成16年3月31日をもって廃止されました。

　したがって、貴方は、貴方の基準期間における課税売上高と母の基準期間における課税売上高によって納税義務の判定を行うことになります（消法10①②）。

　父の基準期間における課税売上高が貴方の納税義務の判定に影響することはありません。

Q 法定相続人でない孫が事業を承継した場合にも、相続があった場合の納税義務の免除の特例の適用がありますか。

A 相続があった場合の納税義務の免除の特例は、相続により事業を承継した相続人に適用されます（消法10）。「相続」には、

包括遺贈が含まれ、「相続人」には包括受遺者が含まれます（消法2④）。

　したがって、法定相続人でない孫が被相続人の事業を承継した場合において、その孫が包括遺贈を受けた包括受遺者であるときには、被相続人の基準期間における課税売上高による判定を行うことになります。

　しかし、その孫が包括遺贈を受けた包括受遺者でないときは、相続があった場合の納税義務の免除の特例の適用はなく、新たに事業を開始したものとして消費税の納税義務を判定することになります。

Q 簡易課税制度の適用上限についても、合併により被合併法人の事業を承継した場合の納税義務の判定に準じるのですか。

A 　合併があった場合の納税義務の免除の特例の取扱いは、納税義務の判定について、被合併法人の基準期間に対応する期間における課税売上高を用いるということであって、判定に用いた金額を合併法人の基準期間の基準期間における課税売上高とみなすというものではありません。

　したがって、特例により合併法人の納税義務が免除されない場合であっても、合併法人の基準期間における課税売上高が5000万円以下であるかどうかにより、簡易課税制度の適用の有無を判断します。

第1章

控除対象仕入税額の計算方法

Ⅰ 趣旨と概要

消費税は、最終消費に負担を求めるものです。

ただし、間接税として設計されたその計算は、事業者が行う財やサービスの提供は、最終消費として提供されるものであるかどうかを問わず、すべて課税の対象としたうえで、仕入税額控除によって課税の累積を排除する方式です。したがって、仕入税額控除は、実体上の課税要件にも匹敵する消費税の本質的な要素であるといえます。

仕入税額控除の制度を複雑にしているのは、非課税の存在です。非課税資産の譲渡等のために行った課税仕入れ等は転嫁するべき課税売上げがないため、仕入税額控除の対象となりません。これを除くためには、課税仕入れの判断に加え、その用途区分や課税売上割合の計算などが必要となり、事業者の事務負担を増加させています。

1. 全額控除と簡易課税

そこで、その事務負担を軽減するために、次の取扱いが設けられています。

① 全額控除（非課税資産の譲渡等のために行った課税仕入れ等をないものとみなす）

② 簡易課税（実際の課税仕入れによらず、みなし仕入率によって控除額を算出する）

仕入税額控除の計算方法			
一般課税			簡易課税 （基準期間における 課税売上高5000万 円以下で、選択届出 がある場合）
個別対応方式	一括比例配分方式	全額控除 （課税売上高5億円以下で、課税売上割合95％以下である場合）	

2. 8割控除と2割特例

　また、適格請求書等保存方式（インボイス制度）への移行に伴い、インボイスを交付することができない免税事業者との取引に与える影響を緩和し、インボイス制度を円滑に実施する観点から、インボイス発行事業者以外の者から行う課税仕入れであっても、令和5年10月1日から令和8年9月30日までの間は仕入れに係る消費税額相当額の80%、令和8年10月1日から令和11年9月30日までの間は50%の控除を認める「8割控除・5割控除」の経過措置が設けられています。

　さらに、これまで免税事業者であった小規模な事業者がインボイス制度の施行を契機に課税事業者となる場合には、8割控除とのバランスを取り、消費税の転嫁の困難さや事務負担を一定期間にわたって緩和する等の観点から、令和5年度税制改正において、売上税額の2割相当額を納付税額とする「2割特例」の経過措置が設けられました。

　これらの経過措置の詳細については、「第Ⅲ部　インボイス制度編」を参照してください。

3. 帳簿及び請求書等の保存

　一般課税による場合、原則として、事業者がその課税期間の課税仕入れ等の税額の控除に係る帳簿及び請求書等を保存しない場合には、その保存がない課税仕入れ等は、仕入税額控除の適用ができません（消法30⑦）。

　帳簿及び請求書等の保存については、「第Ⅲ部　インボイス制度編」を参照してください。

1. 95%ルール

　その課税期間における課税売上高が5億円以下で、かつ、課税売上割合が95％以上である場合には、控除することができない税額をないものとして、課税仕入れ等の税額の全額を控除することができます（消法30①）。この取扱いを一般に「95％ルール」と呼んでいます。

その課税期間の課税売上割合が95％以上 かつ その課税期間における課税売上高が5億円以下	課税仕入れ等の税額の全額を 控除対象仕入税額とする。	全額控除

　消費税は、消費に対して広くうすく税の負担を求めるという制度の目的により、ごく限られた分野の取引を非課税と定めています。したがって、多くの事業者は、課税資産の販売のみを行い、受取利息など金融取引に係るわずかな非課税売上げがあるという事業内容でしょう。そして、通常は、預金利息等を得るために直接要する課税仕入れ等はないものと思われます。

　この場合、財務、総務など企業全体に奉仕する業務の遂行上生じた課税仕入れ等の取扱いが問題となります。そのまま他に譲渡する課税資産の仕入れは課税売上対応の課税仕入れ等であることは明らかです。しかし、企業全体に係る管理費等は、非課税売上げに直接要する費用ではありませんが、課税売上げだけに直接要しているとも言い切れません。そうすると、わずかな預金利息等があるために、すべての課税仕入れ等について、それが課税資産の譲渡等にのみ要するものであるかどうかを確認する作業が必要となり、ごくわずかな控除できない税額を算出するために大きな事務負担が生じることになります。

　こうしたことから、課税売上割合が95％以上（非課税売上高が5％以下）である場合には、事業者の事務負担に配慮して、その課税期間の課

税仕入れ等の税額の全額を控除することを認める95％ルールが設けられています。

　しかし、課税売上高が多額となる大企業等においては、この非課税売上高が5％以下という枠の規模も相対的に大きくなり、金融取引以外の非課税売上げがあっても、それに要する課税仕入れ等の税額が控除の対象となり得ます。

　95％ルールは、事業者の納税事務負担に配慮して、非課税売上げが僅少である場合には、これをないものとして課税仕入れ等の税額の全額を控除することを認めるものですから、大規模事業者においては95％ルールを適用しないよう、その適用については、その課税期間における課税売上高が5億円以下であることという要件（以下「5億円基準」といいます）が付されています。

2. 5億円基準

　その課税期間における課税売上高は、その課税期間中に国内において行った課税資産の譲渡等の対価の額の合計額から、その課税期間における売上げに係る対価の返還等の金額の合計額を控除して計算します（消法30⑥）。この場合、課税資産の譲渡等の対価の額に含まれる消費税額及び地方消費税額は除いて計算します。

　対価の返還等の金額も、税抜きにして売上高から控除します。ただし、その対価の返還等に係る課税資産の譲渡等を行った課税期間において免税事業者であった場合には、税抜き処理はしません。

その課税期間の課税売上高	=	課税売上高（税抜き）	+	免税売上高	−	売上対価の返還等の金額（原則として税抜き）

　これは、基準期間における課税売上高の計算方法と同じです。また、通常の場合、課税売上割合の分子の金額と一致します。ただし、その課税期間において非課税資産の輸出取引等がある場合等には、両者は一致しないことになります。

　5億円基準を判定する金額と課税売上割合の分子の金額とを比較する

と、次のとおりです。

その課税期間における課税売上高 （5億円基準の判定）	課税売上割合の分子の金額
● 非課税資産の輸出売上高は含めない ● 国外移送した場合の本船甲板渡し価格は含めない ● 12ヶ月相当額に換算する	● 非課税資産の輸出売上高を含める ● 国外移送した場合の本船甲板渡し価格を含める ● 12ヶ月相当額に換算しない

また、5億円という規模は、1年間の売上高を前提としているので、その課税期間が1年に満たない場合には、12ヶ月に換算して、5億円を超えているかどうかを判定します（消法30⑥）。この場合、月数は、暦に従って計算し、1ヶ月に満たない端数は1ヶ月とします（消法30⑥）。

$$\boxed{\begin{array}{c}\text{その課税期間の}\\\text{課税売上高}\end{array}} = \boxed{\text{上記により計算した金額}} \div \text{その課税期間の月数} \times 12$$

第**2**章

棚卸資産に係る
仕入税額の調整

Ⅰ　趣旨と概要

　免税事業者は、消費税の納税義務が免除されるため、課税仕入れ等を行っても、仕入税額控除の規定は適用されません。したがって、免税事業者である課税期間に課税仕入れ等を行い、課税事業者となった後に譲渡した棚卸資産については、仕入税額控除の適用がないにもかかわらず、課税資産の譲渡等に係る納税の義務が生じることになります。そのため、免税事業者であった課税期間の課税仕入れ等を仕入税額控除の対象とする調整が設けられています。

　また、免税事業者である課税期間に課税仕入れ等を行い、免税事業者となった後に譲渡した棚卸資産については、仕入税額控除の適用を受けたにもかかわらず、課税資産の譲渡等に係る納税の義務が免除されることになります。そのため、免税事業者となった後に譲渡するものを仕入税額控除の対象から除外する調整が設けられています。

　ただし、その課税期間の控除対象仕入税額を簡易課税制度により計算する場合には、これらの調整の適用はありません（消法37①）。

Ⅱ　免税事業者が課税事業者となった場合

　免税事業者が課税事業者となった場合には、次の調整を行います（消法36①）。

適用要件
① 免税事業者がその課税期間から課税事業者となった ② その課税期間の初日において免税事業者であった期間中に国内において譲り受けた課税仕入れに係る棚卸資産又は保税地域からの引取りに係る課税貨物で棚卸資産に該当するものを有している ③ その棚卸資産の明細を記録した書類を保存している

調整処理
棚卸資産に係る消費税額 をその課税事業者となった課税期間の控除対象仕入税額の計算の基礎となる課税仕入れ等の税額とみなす

　たとえば、第1期及び第2期において免税事業者であった法人が、第3期から課税事業者となる場合においては、第3期において、期首棚卸資産に係る課税仕入れ等の税額を、第3期の課税仕入れ等の税額に加算することになります。免税事業者であった期間中の課税仕入れ等が対象となるので、第1期及び第2期に仕入れ等をしたすべての棚卸資産が対象です。

※　この規定は、棚卸資産の明細を記録した書類を保存しない場合には、その保存のない棚卸資産については、適用されません。ただし、災害その他やむを得ない事情によりその保存をすることができなかったことをその事業者において証明した場合は、書類の保存のない棚卸資産についても適用されます（消法36②）。

Ⅲ　相続等により事業を承継した場合

1. 相続により事業を承継した場合

　課税事業者である個人事業者が、相続により、免税事業者である被相続人の事業を承継して棚卸資産を引き継いだ場合は、次の調整を行います（消法36③）。

※　書類の保存の要件は、上記Ⅱに準じます。

適用要件
①　課税事業者である個人事業者が、相続により、免税事業者である被相続人の事業を承継した
②　被相続人が免税事業者であった期間中に行った課税仕入れ等に係る棚卸資産を引き継いだ
③　その棚卸資産の明細を記録した書類を保存している

調整処理
その引き継いだ 棚卸資産に係る消費税額 をその引き継いだ課税期間の控除対象仕入税額の計算の基礎となる課税仕入れ等の税額とみなす

2. 合併又は分割により事業を承継した場合

　課税事業者である法人が、合併又は分割により、免税事業者である被合併法人又は分割法人の事業を承継して棚卸資産を引き継いだ場合は、次の調整を行います（消法36③）。

※　書類の保存の要件は、上記Ⅱに準じます。

適用要件
①　課税事業者である合併法人又は分割承継法人が、合併又は分割により、免税事業者である被合併法人又は分割法人の事業を承継した
②　被合併法人又は分割法人が免税事業者であった期間中に行った課税仕入れ等に係る棚卸資産を引き継いだ
③　その棚卸資産の明細を記録した書類を保存している

調整処理
その引き継いだ 棚卸資産に係る消費税額 をその引き継いだ課税期間の控除対象仕入税額の計算の基礎となる課税仕入れ等の税額とみなす

Ⅳ　課税事業者が免税事業者となる場合

　課税事業者が免税事業者となる場合には、次の調整を行います（消法36⑤）。

適用要件
①　課税事業者が翌課税期間から免税事業者となる
②　その課税期間の末日においてその課税期間中に国内において譲り受けた課税仕入れに係る棚卸資産又は保税地域からの引取りに係る課税貨物で棚卸資産に該当するものを有している

調整処理
棚卸資産に係る消費税額 は、その課税期間の控除対象仕入税額の計算の基礎となる課税仕入れ等の税額に含まれないものとする

　たとえば、第1期及び第2期において課税事業者であった法人が、第3期から免税事業者となる場合においては、第2期において仕入れ等を行った棚卸資産のうち、期末棚卸資産となったものの税額は、第2期の課税仕入れ等の税額から除くことになります。

　翌期から免税事業者となる課税期間中の課税仕入れ等が対象となるので、第1期に仕入れ等をしたものが期末棚卸資産となっていても、これを調整の対象とする必要はありません。

Ⅴ　棚卸資産に係る消費税額

　棚卸資産とは、商品又は製品（副産物及び作業屑を含む）、半製品、仕掛品（半成工事を含む）、主要原材料、補助原材料、消耗品で貯蔵中のもの及びこれらの資産に準ずるものをいいます（消法2①十五、消令4）。

　棚卸資産に係る消費税額は、次の棚卸資産の区分に応じ、その取得に

要した課税仕入れ等となる費用の額に $\dfrac{消費税率}{1+消費税及び地方消費税の合計税率}$ を乗じて計算します（消法36①、消令54①、消基通12−6−1 〜 2）。

　消費税率及び地方消費税率は、その課税仕入れに適用された税率です（税制抜本改革法附則10）。

①　国内において譲り受けた課税仕入れに係る棚卸資産

$$\left.\begin{array}{c} \boxed{その資産の課税仕入れに係る支払対価の額} \\ + \\ \boxed{引取運賃、荷役費その他その資産の購入のために要した費用の額} \\ + \\ \boxed{その資産を消費し、又は販売の用に供するために直接要した費用の額} \end{array}\right\} \times \dfrac{消費税率}{1+消費税及び地方消費税の合計税率}$$

②　保税地域からの引取りに係る課税貨物で棚卸資産に該当するもの

$$\left.\begin{array}{c} \boxed{\begin{array}{c}その課税貨物に係る消費税の課税標準額と引取りに係る \\ 消費税額及び地方消費税額との合計額\end{array}} \\ + \\ \boxed{\begin{array}{c}引取運賃、荷役費その他その課税貨物の保税地域からの \\ 引取りのために要した費用の額\end{array}} \\ + \\ \boxed{その課税貨物を消費し、又は販売の用に供するために直接要した費用の額} \end{array}\right\} \times \dfrac{消費税率}{1+消費税及び地方消費税の合計税率}$$

③　①②の棚卸資産を原材料として製作又は建設された棚卸資産

$$\left.\begin{array}{c} \boxed{その資産の製作、建設、採掘等のために要した原材料費及び経費の額} \\ + \\ \boxed{その資産を消費し、又は販売の用に供するために直接要した費用の額} \end{array}\right\} \times \dfrac{消費税率}{1+消費税及び地方消費税の合計税率}$$

　上記の計算は、個別法により棚卸資産の評価を行っていることが前提です。しかし、所得税又は法人税において先入先出法等の評価方法によ

り評価している場合に、消費税の調整のためだけに棚卸資産につき個別管理を求めることは現実的ではありません。そこで、所得税又は法人税における評価方法による評価額（低価法を除きます）を基礎に調整税額を計算することも認められています（消基通12−6−1）。

　この場合、その課税期間から課税事業者となった場合の期首棚卸資産の調整は、免税事業者であった期間中の棚卸資産の課税仕入れ等の額と期首棚卸資産に係る課税仕入れ等の額のいずれか小さい方が調整の対象となります。

　また、翌課税期間から免税事業者となる場合の期末棚卸資産の調整は、その課税期間中の棚卸資産の課税仕入れ等の額と期末棚卸資産に係る課税仕入れ等の額のいずれか小さい方が調整の対象となります。

　いずれの方法による場合であっても、税率ごとに算出します。

VI Q&A

Q 私は、毎年の課税売上高が1000万円以下の個人事業者ですが、インボイス制度に対応するため、令和5年10月1日にインボイス発行事業者の登録を受け、課税事業者となりました。登録時には免税事業者であった期間に課税仕入れを行った棚卸資産がありますが、仕入税額控除はどうなりますか。

A 一般課税による場合、課税事業者となる日の前日において所有する棚卸資産（※）に係る消費税額は、課税事業者になった課税期間の仕入税額控除の対象とします。

※　納税義務が免除されていた期間において仕入れた棚卸資産が対象です。

　したがって、貴方が令和5年分の消費税について一般課税により申告する場合は、登録時に保有する棚卸資産に係る消費税額は、仕入税額控除の計算の基礎としてください。

　ただし、2割特例又は簡易課税による場合は、棚卸資産に係る調整はありません。

Q 私は、基準期間における課税売上高及び特定期間における課税売上高が1000万円以下である免税事業者ですが、本年、父が亡くなり、その事業を承継したため、相続開始の日の翌日から課税事業者となりました。棚卸資産の調整は、どうなりますか。

A 相続により被相続人の事業を承継したために課税事業者となった場合には、上記Ⅱの免税事業者が課税事業者となった場合に該当します。したがって、その課税事業者となる日において、免税事業者であった期間中に課税仕入れ等を行った棚卸資産を有している場合には、その棚卸資産の明細を記録した書類の保存を要件として、棚卸資産の調整を適用することができます。

Q 私は、簡易課税制度を適用していましたが、基準期間における課税売上高が5000万円を超えたことから、当課税期間から一般課税による申告を行うこととなりました。前課税期間に課税仕入れ等をした棚卸資産は仕入税額控除の計算の基礎となっていませんから、一般課税を行う当課税期間の課税仕入れとみなすことができますか。

A 免税事業者が課税事業者となった場合に該当しないため、棚卸資産の調整を行うことはできません。

簡易課税制度は、中小事業者の事務負担に配慮して、実際の課税仕入れ等に係る計算に代えて、簡便な方法により控除対象仕入税額を算出することができるように措置されたものです。したがって、前課税期間における棚卸資産の課税仕入れに係る税額控除は、簡易課税制度の適用により完結していることになります。

第II部
仕入税額控除編

第3章

簡易課税制度

Ⅰ　趣旨と概要

　簡易課税制度は、中小事業者の仕入税額控除に係る事務負担を軽減するために、売上げの消費税額に一定割合（みなし仕入率）を乗じて控除対象仕入税額を計算するものであり、控除対象仕入税額の計算の簡便法として設けられています。

　したがって、その選択は事業者の任意の届出によるのであり、これを適用することができるのは、基準期間における課税売上高が5000万円以下である事業者に限られています。

　簡易課税に対して、通常の控除対象仕入税額の計算を一般課税と呼んでいます。

区分	一般課税	簡易課税
計算方法	実際の課税仕入れ等について、その記録に基づき計算する	売上げの消費税額にみなし仕入率を乗じて計算する
適用要件	課税仕入れ等についての帳簿及び請求書等を保存していること	簡易課税制度を選択する旨の届出を行っていること 基準期間における課税売上高が5000万円以下であること

Ⅱ　みなし仕入率

　簡易課税制度による控除対象仕入税額は、次の算式により計算します（消法37①、消基通13-1-6）。

控除対象仕入税額	=	課税標準額に対する消費税額 △　売上対価の返還等に係る消費税額 ＋　貸倒回収に係る消費税額	×	みなし仕入率

1. 各業種のみなし仕入率

みなし仕入率は、事業の種類に応じて、次のとおり定められています（消法37①、消令57①④⑤）。

事業区分	該当する事業	みなし仕入率
第一種事業	卸売業	90%
第二種事業	小売業	80%
第三種事業	製造業等	70%
第四種事業	第一種、第二種、第三種、第五種及び第六種以外の事業	60%
第五種事業	運輸通信業、金融業、保険業、サービス業（飲食店業を除く）	50%
第六種事業	不動産業	40%

【計算例】

当課税期間の課税売上げ（税抜き）　第二種事業（小売業）　4000万円

① 課税標準額に対する消費税額　4000万円×10％＝400万円
② 控除対象仕入税額　　　　　　400万円×80％＝320万円
③ 納付すべき消費税額及び地方消費税額　①－②＝　80万円

※ 実際の申告では国税である7.8％部分を計算した後に地方消費税の計算をしますが、便宜上、両者を合わせた10％で計算しています。

2. 兼業の場合のみなし仕入率

第一種事業から第六種事業のいずれの事業に該当するかは、個々の課税売上げについて判定します（消基通13-2-1）。

たとえば、卸売業者が一部の商品を消費者に販売している場合や、物品販売とサービスの提供を行っている場合など、事業者の多くは、異なる種類の事業を営んでいることでしょう。このように、複数の事業を兼業している場合には、原則として、すべての事業に係るみなし仕入率を加重平均して、その課税期間のみなし仕入率を算出します。

　しかし、簡易課税制度は、納税事務負担の軽減を目的に設けられていることから、特定の事業の課税売上高が全体の75％以上である場合には、加重平均する原則計算に代えて、その75％以上である事業のみなし仕入率を全体に適用することができます。

　また、特定の2つの事業の課税売上高が全体の75％以上である場合には、その2つのみなし仕入率のうち低い方のみなし仕入率を、高い方のみなし仕入率の事業以外の事業に適用して、加重平均する計算を行うことができます。

　この場合、原則と特例の両方を計算した場合には、いずれか有利なものを選択して適用することができることとされています（消基通13-4-1～2）。

【兼業の場合のみなし仕入率】

	区分	要　　件	みなし仕入率
(1)	原　則	―	すべての事業に係るみなし仕入率を加重平均して算出
(2)	特例①	特定の1つの事業が全体の75％以上	75％以上の事業のみなし仕入率をそのまま全体に適用
	特例②	特定の2つの事業の合計が全体の75％以上	75％以上の事業の2つのみなし仕入率により加重平均して算出

※　事業の区分をしていない課税売上げは、営む事業のうち最もみなし仕入率が低い事業に該当するものとして計算する。

(1)　みなし仕入率の計算の原則

　その課税期間において行った課税資産の譲渡等が、第一種事業から第六種事業までの複数の事業に区分される場合には、その課税期間のみなし仕入率は、原則として、すべての事業に係るみなし仕入率を加重平均して算出します（消令57②）。

$$\text{みなし仕入率} = \frac{A \times 90\% + B \times 80\% + C \times 70\% + D \times 60\% + E \times 50\% + F \times 40\%}{A + B + C + D + E + F}$$

A…第一種事業に係る消費税額
B…第二種事業に係る消費税額
C…第三種事業に係る消費税額
D…第四種事業に係る消費税額
E…第五種事業に係る消費税額
F…第六種事業に係る消費税額

※　売上げ対価の返還等がある場合には、各事業に係る消費税額からそれぞれ控除して計算します。
※　区分していない売上げ対価の返還等の金額については、帳簿等又は帳簿等を基に合理的に区分します。
※　売上対価の返還等を控除して控除しきれない場合は、その事業に係る消費税額は、ゼロとなります。
※　みなし仕入率の計算においては、貸倒れの回収があっても加算しません。

【計算例】

当課税期間の課税売上げ（税抜き）
　第一種事業（卸売業）　　　　　　400万円
　第二種事業（小売業）　　　　　　3000万円
　第五種事業（サービス業等）　　　600万円
　合　　　計　　　　　　　　　　　4000万円

手順1　売上げごとの消費税額を計算
　第一種事業（卸売業）　　　　400万円×10％＝　40万円
　第二種事業（小売業）　　　　3000万円×10％＝300万円
　第五種事業（サービス業等）　600万円×10％＝　60万円
　合　　　計　　　　　　　　　　　　　　　　　400万円

手順2　みなし仕入率を計算

$$\text{みなし仕入率} = \frac{40万円 \times 90\% + 300万円 \times 80\% + 60万円 \times 50\%}{400万円} = 76.5\%$$

手順3　控除対象仕入税額を計算
400万円×76.5％＝3,060,000円

手順4　納付税額を計算
400万円－3,060,000円＝940,000円

※　実際の申告では国税である7.8％部分を計算した後に地方消費税の計算をしますが、便宜上、両者を合わせた10％で計算しています。

⑵　みなし仕入率の計算の特例（75％ルール）

特例①（特定の１つの事業の売上高が75％以上の場合）

特定の１つの事業の課税売上高が、全体の売上高の75％以上である場合には、その特定の１つの事業のみなし仕入率をその課税期間のみなし仕入率とします（消令57③一）。

75％以上であるかどうかは、売上対価の返還等の金額を控除した残額によって判断します（消令57③一）。

$$\frac{\text{特定のひとつの事業の課税売上高 } - \text{ その事業の売上げ対価の返還等の額}}{\text{課税売上高の合計額 } - \text{ 売上げ対価の返還等の額の合計額（すべて税抜き）}} \geqq 75\%$$

四捨五入等の端数処理を行って75％以上かどうかの判定をすることはできません。

課税売上高が75％以上の事業	課税売上高の全額に対して適用するみなし仕入率
第一種事業	90％
第二種事業	80％
第三種事業	70％
第四種事業	60％
第五種事業	50％
第六種事業	40％

【計算例】

課税売上高4000万円

第一種事業（卸売業） 400万円	第二種事業の売上高が全体の75％以上なので、この課税期間は、全体に第二種事業のみなし仕入れ率80％を適用することができる
第二種事業（小売業） 3000万円	
第五種事業（サービス業等） 600万円	

①　課税標準額に対する消費税額　　　4000万円×10％＝400万円
②　控除対象仕入税額　　　　　　　　400万円×80％＝320万円
③　納付すべき消費税額及び地方消費税額　　①－②＝　80万円

※　実際の申告では国税である7.8％部分を先に計算して後で地方消費税の計算をしますが、便宜上、両者を合わせた10％で計算しています。

特例②（特定の２つの事業の売上高が75％以上の場合）

　特定の２つの事業の課税売上高の合計額が、全体の売上高の75％以上である場合には、その２つの事業のうち低い方のみなし仕入率をその２つの事業以外の事業にも適用して、その課税期間のみなし仕入率を計算します（消令③二）。

　75％以上であるかどうかは、売上対価の返還等の金額を控除した残額によって判断します（消令57③一）。

$$
\frac{\text{特定の２つの事業の課税売上高 − その事業の売上げ対価の返還等の額}}{\text{課税売上高の合計額 − 売上げ対価の返還等の額の合計額（すべて税抜き）}} \geq 75\%
$$

　四捨五入等の端数処理を行って75％以上かどうかの判定をすることはできません。

【計算例】

課税売上高4000万円

第一種事業（卸売業） 400万円
第二種事業（小売業） 3000万円
第五種事業（サービス業等） 600万円

第一種事業と第二種事業の売上高の合計額が全体の75％以上なので、第五種事業にも第二種事業のみなし仕入れ率80％を適用して加重平均の計算を行うことができる

手順1 売上げごとの消費税額を計算

第一種事業（卸売業）	400万円×10％＝	40万円
第二種事業（小売業）	3000万円×10％＝	300万円
第五種事業（サービス業等）	600万円×10％＝	60万円
合　　計		400万円

手順2 みなし仕入率を計算

$$
\text{みなし仕入れ率} = \frac{40万円×90\% ＋（400万円 － 40万円）×80\%}{400万円} = 81\%
$$

145

> **手順3**　控除対象仕入税額を計算
> 　400万円×81％＝3,240,000円

> **手順4**　納付税額を計算
> 　400万円－3,240,000円＝760,000円

> ※　実際の申告では国税である7.8％部分を先に計算して後で地方消費税の計算をしますが、便宜上、両者を合わせた10％で計算しています。

3. 事業区分の判定

　第一種事業から第六種事業のいずれの事業に該当するかは、個々の課税売上げごとに判定します（消基通13-3-1）。個々の判定は社会通念上の取引単位を基に行いますが、資産の譲渡等と役務の提供とが混合した取引で、それぞれの対価の額が区分されている場合には、区分されたところにより個々の事業の種類を判定することとなります。

　法令および通達において明らかにされている区分の基準は次のとおりです。

事業区分	該当する事業		根拠条文等
第一種事業 卸売業 90％	他の者から購入した商品をその性質及び形状を変更しないで他に販売する事業	他の事業者に販売 　事業者へ販売したことが帳簿、書類等又は客観的な状況等で明らかなもの	消令57⑤一、⑥
第二種事業 小売業 80％		第一種事業以外 ・購入品を消費者に販売する場合 ・販売先が不明な場合	消令57⑤二、⑥
	農業・林業・漁業（飲食料品の譲渡に係る事業）		
第三種事業 製造業等 70％	おおむね日本標準産業分類の大分類に掲げる次の事業 農業・林業・漁業（飲食料品の譲渡に係る事業を除く） 鉱業、採石業、砂利採取業、建設業、製造業、電気・ガス・熱供給・水道業 　※　製造卸業、製造小売業を含む 　※　第一種事業、第二種事業に該当するもの及び加工賃等を対価とする役務の提供を除く		消令57⑤三、消基通13-2-4、13-2-6

事業区分	該当する事業	根拠条文等
第四種事業 その他の事業 60%	第一種、第二種、第三種、第五種、第六種以外の事業 (例)・飲食店業（食堂等としての事業） 　　　・固定資産の譲渡	消令57⑤六、消基通13-2-8の2〜3、13-2-9
第五種事業 サービス業等 50%	おおむね日本標準産業分類の大分類に掲げる次の事業 ① 情報通信業 ② 運輸業、郵便業 ③ 金融業、保険業 ④ 不動産業、物品賃貸業（不動産業に該当するものを除く。） ⑤ 学術研究、専門・技術サービス業 ⑥ 宿泊業、飲食サービス業（飲食サービス業に該当するものを除く。） ⑦ 生活関連サービス業、娯楽業 ⑧ 教育、学習支援業 ⑨ 医療、福祉 ⑩ 複合サービス事業 ⑪ サービス業（他に分類されないもの） 第一種事業又は第二種事業に該当するものを除く	消令57⑤四、消基通13-2-4
第六種事業 不動産業 40%	おおむね日本標準産業分類の大分類に掲げる不動産業 ※　第一種事業又は第二種事業に該当するものを除く	消令57⑤五、消基通13-2-4

※　資産の譲渡に伴い通常役務の提供が併せて行われる取引の場合で、その役務の提供の対価を受領していないと認められるときには、その取引の全体が資産の譲渡に係る事業に該当するものとして第一種事業又は第六種事業までのいずれの事業に該当するかを判定することができます（消基通13-2-1）。

　また、国税庁の質疑応答事例には、事業区分判定に当たっての目安として、次頁のようなフローチャートが示されています。

【事業区分のフローチャート】

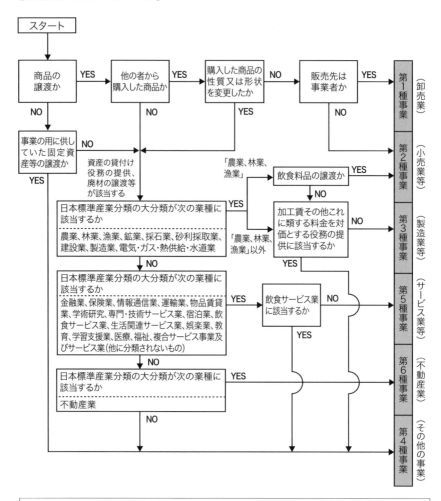

（※）　飲食サービス業のうち、持ち帰り・配達飲食サービス業に該当するものについては、その業態等により第2種事業又は第3種事業に該当するものがあります。

（注）1　課税資産の譲渡等からは輸出免税等の適用により消費税が免除されるものを除きます。

（注）2　固定資産等とは、建物、建物附属設備、構築物、機械及び装置、船舶、航空機、車両及び運搬具、工具、器具及び備品、無形固定資産のほかゴルフ場利用株式等をいいます。

（注）3　令和元年10月1日以後、農業、林業又は漁業のうち、飲食料品の譲渡を行う部分は、第2種事業となります。

（フローチャートの使用に当たっての留意事項）
1　このフローチャートは、事業区分判定に当たっての目安です。
2　事業区分は原則として資産の譲渡等ごと、すなわち取引単位ごとに判定し、それぞれ第一種事業から第六種事業のいずれかに区分することとなります。
　　したがって、それぞれの取引ごとにこのフローチャートにあてはめて判定する必要があります。
　（注）　個々の判定は社会通念上の取引単位を基に行いますが、資産の譲渡等と役務の提供とが混合した取引で、それぞれの対価の額が区分されている場合には、区分されたところにより個々の事業の種類を判定することとなります。
3　「商品の性質又は形状を変更したか」どうかの判定上、例えば、次のような行為は、性質及び形状を変更しないものとして取り扱われます。
　⑴　商標、ネーム等を添付又は表示
　⑵　複数の商品（それ自体販売しているもの）の詰め合わせ
　⑶　液状等の商品の販売用容器への収容
　⑷　ガラス、その他の商品の販売のために行う裁断

⑴　日本標準産業分類

　日本標準産業分類は、統計の正確性と客観性を保持し、統計の相互比較性と利用の向上を図ることを目的として設定された統計基準であり、事業所において社会的な分業として行われる財貨及びサービスの生産又は提供に係るすべての経済活動を産業別に分類しています。昭和24年10月に設定され、平成19年5月に現行統計法（平成19年法律第53号）が成立して、平成21年3月に同法第28条における統計基準となりました。

　現在は、平成26年4月1日施行（平成25年10月30日付け総務省告示第405号）が施行されていますが、令和5年6月29日に第14回の改定が行われ、令和6年4月1日に施行されます。

　消費税法基本通達13-2-4は、第三種事業に該当することとされている製造業等、第五種事業に該当することとされているサービス業等、第六種事業に該当することとされている不動産業の範囲は、おおむね日本標準産業分類の大分類に掲げる分類を基礎として判定することとしています。

　日本標準産業分類の大分類と、簡易課税制度の第三種事業、第五種事業及び第六種事業とを対比してみると、次頁のように整理することができます（消基通13-2-4、13-2-8の3）。

日本標準産業分類の大分類	簡易課税制度の事業区分
A 農業、林業 B 漁業 C 鉱業、採石業、砂利採取業 D 建設業 E 製造業 F 電気・ガス・熱供給・水道業	第三種事業（製造業等）…みなし仕入率70% ※ 他の者から購入した商品をその性質及び形状を変更しないで販売する事業を除く。 ※ 加工賃その他これに類する料金を対価とする役務の提供を行う事業を除く。 ※ 飲食料品の譲渡を行う農業・林業・漁業を除く。
G 情報通信業 H 運輸業、郵便業 J 金融業、保険業 K 不動産業、物品賃貸業 L 学術研究、専門・技術サービス業 M 宿泊業、飲食サービス業 N 生活関連サービス業、娯楽業 O 教育、学習支援業 P 医療、福祉 Q 複合サービス事業 R サービス業 　（他に分類されないもの）	第五種事業（サービス業等）…みなし仕入率50% ※ 「K 不動産業、物品賃貸業」は、不動産業に該当するものを除く。 ※ 「M宿泊業、飲食サービス業」は、飲食サービス業に該当するものを除く。 ※ 他の者から購入した商品をその性質及び形状を変更しないで販売する事業を除く。
K 不動産業、物品賃貸業	第六種事業（不動産業）…みなし仕入率40% ※ 「K 不動産業、物品賃貸業」のうち、不動産業に該当するものに限る。 ※ 他の者から購入した商品をその性質及び形状を変更しないで販売する事業を除く。

　日本標準産業分類の大分類には、上記の他に「Ｉ　卸売業、小売業」、「Ｓ　公務（他に分類されるものを除く）」「Ｔ　分類不能の産業」があります。

　「Ｔ　分類不能の産業」とは、「Ａ　農業、林業」から「Ｓ　公務（他に分類されるものを除く）」までのいずれにも該当しない産業があるという積極的な分類ではなく、「主として調査票の記入が不備であって、いずれに分類すべきか不明の場合又は記入不詳で分類しえないものである」と説明されています。

⑵　第一種事業（卸売業）、第二種事業（小売業）

　第一種事業（卸売業）とは、他の者から購入した商品をその性質及び形状を変更しないで他の事業者に対して販売する事業をいい、第二種事業（小売業）とは、他の者から購入した商品をその性質及び形状を変更しないで販売する事業で第一種事業（卸売業）に該当するもの以外のものをいいます（消令57⑥）。

　したがって、第一種事業（卸売業）であるとするためには、事業者に対して販売したことが帳簿その他の記録により明らかにされていることが必要です。

　日本標準産業分類の大分類において「Ⅰ　卸売業、小売業」に分類されるものであっても、製造問屋業、製造小売業等は、第三種事業（製造業等）に該当することとなります（消基通13−2−5、13−2−6）。

①　性質及び計上を変更しない範囲

　第一種事業（卸売業）及び第二種事業（小売業）となる場合の「性質及び形状を変更しないで販売する」とは、他の者から購入した商品をそのまま販売することをいいます。

　なお、商品に対して、たとえば、次のような行為を施したうえでの販売であっても「性質及び形状を変更しないで販売する」場合に該当し、これらの行為を行っていても、第二種事業（小売業）または第一種事業（卸売業）となります（消基通13−2−2）。

- 他の者から購入した商品に、商標、ネーム等を貼付け又は表示する行為
- 運送の利便のために分解されている部品等を単に組み立てて販売する場合、たとえば、組立て式の家具を組み立てて販売する場合のように仕入商品を組み立てる行為
- 2以上の仕入商品を箱詰めする等の方法により組み合わせて販売する場合の当該組合せ行為

② 食料品小売店

他から購入した食料品を、その性質及び形状を変更しないで専ら消費者に販売する店舗において、その販売に供される商品に軽微な加工をして販売する場合で、その加工が加工前の食料品を販売している店舗において一般的に行われると認められるもので、加工後の商品が加工前の商品と同一の店舗において販売されるものであるときのその加工後の商品の譲渡を行う事業は、第二種事業（小売業）に該当するものとすることができます（消基通13-2-3）。

この場合、切る、刻む、つぶす、挽く、たれに漬け込む、混ぜ合わせる、こねる、乾かす等の行為は、軽微な加工に該当するものと考えられます。

また、加熱行為は軽微な加工に該当しません。

ただし、鮮魚小売店において、焼く、あぶる、ゆでる、煮る、揚げる等の簡易な加工を、店頭において顧客の注文に応じ無償で行う場合は、その簡易な加工は、鮮魚の販売とは別の対価のない役務の提供となります。

③ 不要物品等の譲渡

第一種事業（卸売業）又は第二種事業（小売業）から生じた段ボール等の不要物品等の譲渡を行う事業は、第四種事業に該当しますが、事業の用に供していた固定資産等を除き、その不要物品等が生じた事業区分に属するものとして処理することもできます（消基通13-2-8）。

④ 農業・林業・漁業（飲食料品の譲渡に係る事業）

飲食料品の譲渡を行う農業・林業・漁業は、軽減税率の導入に伴い、令和元年10月1日以後は、第二種事業とされています。

簡易課税制度においては、売上げに適用される税率を基に仕入税額の計算が行われることとなります。飲食料品に該当し軽減税率8％が適用される売上げであっても、そのための仕入れには標準税率10％が適用されるものが存在するはずです。しかし、控除対象仕入税額は、売上げの税額から自動的に算出されるため、そのような仕入れの存在は考慮されません。

　そこで、平成30年度税制改正において、消費税の軽減税率が適用される飲食料品の譲渡を行う農業・林業・漁業は第二種事業（みなし仕入率80％）とされました。

⑶　第三種事業（製造業等）

　第三種事業（製造業等）の範囲は、おおむね日本標準産業分類の大分類に掲げる分類を基礎として判定します（消基通13-2）。

　該当するのは、農業・林業・漁業（飲食料品の譲渡に係る事業を除きます）、鉱業、採石業、砂利採取業、建設業、製造業、電気・ガス・熱供給・水道業です。

　ただし、製造小売業は、日本標準産業分類において小売業に分類されていますが、製造業に含まれ、第三種事業に該当します（消基通12-2-6）。

　また、日本標準産業分類の大分類の区分では製造業等に該当することとなる事業であっても、他の者から購入した商品をその性質及び形状を変更しないで販売する事業は、第一種事業（卸売業）又は第二種事業（小売業）に該当します。

①　第三種事業（製造業等）に含まれるもの

　たとえば、次の事業は、第三種事業に該当するものとして取り扱います（消基通13-2-4〜5）。

- 　自己の計算において原材料等を購入し、これをあらかじめ指示した条件に従って下請加工させて完成品として販売する、いわゆる製造問屋としての事業
- 　顧客から特注品の製造を受注し、下請先（又は外注先）等に製品を製造させ顧客に引き渡す事業
- 　自己が請け負った建設工事（第三種事業に該当するものに限る。）の全部を下請に施工させる元請としての事業
- 　天然水を採取して瓶詰等して人の飲用に販売する事業
- 　新聞、書籍等の発行、出版を行う事業

②　建売住宅を販売する建売業

　建売住宅を販売する建売業のうち、自ら建築した住宅を販売するものは、第三種事業（製造業）に該当します（消基通13-2-4（注））。また、上記のとおり、自己が請け負った建設工事の全部を下請に施工させる元請としての事業も、第三種事業（製造業等）に該当します。

　建売住宅を販売する建売業のうち、自ら建築施工しないものは、日本標準産業分類の大分類では「不動産業、物品賃貸業」に該当しますが、他の者が建築した住宅を購入してそのまま販売するものですから、第一種事業（卸売業）又は第二種事業（小売業）となります。

③　加工賃その他これに類する料金を対価とする役務の提供

　製造業等に該当する事業であっても、「加工賃その他これに類する料金を対価とする役務の提供」を行う事業は、第四種事業（その他の事業）となります（消令57⑤三）。

　この場合、「加工賃その他これに類する料金を対価とする役務の提供」とは、日本標準産業分の大分類を基礎に判定した結果、製造業等に該当することとなる事業に係るもののうち、対価たる料金の名称のいかんを問わず、他の者の原料若しくは材料又は製品等に加工等を施して、当該加工等の対価を受領する役務の提供又はこれに類する役務の提供をいいます（消基通13-2-7）。

④　廃材、廃品、加工くず等の売却収入

　第三種事業（製造業等）に該当する建設業、製造業等に係る事業に伴い生じた加工くず、副産物等の譲渡を行う事業は、第三種事業（製造業等）に該当します（消基通13-2-8）。

⑷　第四種事業（その他の事業）

　第四種事業（その他の事業）は、第一、第二、第三、第五及び第六種事業のいずれにも該当しない事業であり、たとえば、次のような事業があります。

　ただし、これらの事業を経営する者が行う資産の譲渡等のうち、第一種事業又は第二種事業に該当するものを除きます（消基通13-2-8の3、13-2-9）。

● 第三種事業（製造業）から除かれる加工賃その他これに類する料金を対価とする役務の提供
● 第五種事業（サービス業等）から除かれる飲食店業に該当する事業
● 事業者が自己において使用していた固定資産等の譲渡を行う事業

　固定資産等とは、建物、建物附属設備、構築物、機械及び装置、船舶、航空機、車両及び運搬具、工具、器具及び備品、無形固定資産のほかゴルフ場利用株式等をいいます。

① 飲食店業

　食堂、レストラン、喫茶店、そば店、バー、キャバレー、酒場等のように、飲食のための設備を設けて、主として客の注文に応じその場所で飲食させる事業は、第四種事業（その他の事業）に該当します（消基通13-2-8の2）。

　ただし、次の点に留意する必要があります（消基通13-2-8の2（注））。

● 食堂等が行う飲食物（店舗において顧客に提供するものと同種の調理済みのもの）の出前は食堂等としての事業であり、第四種事業に該当します。
● 食堂等が自己の製造した飲食物を持ち帰り用として販売する事業は、製造小売業として第三種事業に該当します。
● 飲食のための設備を設けずに、自己の製造した飲食物を専ら宅配の方法により販売する事業は、製造小売業として第三種事業に該当します。

② 旅館等における飲食物の提供

　旅館、ホテル等の宿泊施設を経営する事業者が、宿泊者に対して宿泊に係る役務の提供に併せてその宿泊施設において飲食物の提供を行う場合又は宿泊者以外の者でも利用することができるその宿泊施設内

の宴会場、レストラン、バー等において飲食物の提供を行う場合において、請求書、領収書等によりその飲食物の提供に係る対価の額を宿泊に係る役務の提供に係る対価の額と明確に区分して領収することとしているときの飲食物の提供は、飲食店業に該当します（消基通13-2-8の2）。

(5)　第五種事業（サービス業等）

第五種事業（サービス業等）の範囲は、おおむね日本標準産業分類の大分類に掲げる次の産業をいいます（消基通13-2-4～5）。

① 　情報通信業

② 　運輸業、郵便業

③ 　金融業、保険業

④ 　不動産業、物品賃貸業（不動産業に該当するものを除く。）

⑤ 　学術研究、専門・技術サービス業

⑥ 　宿泊業、飲食サービス業(飲食サービス業に該当するものを除く。)

⑦ 　生活関連サービス業、娯楽業

⑧ 　教育、学習支援業

⑨ 　医療、福祉

⑩ 　複合サービス事業

⑪ 　サービス業（他に分類されないもの）

日本標準産業分類の大分類において上記に分類される事業であっても、他の者から購入した商品をその性質及び形状を変更しないで販売する事業は、第一種事業又は第二種事業に該当します（消基通13-2-4）。

また、上記の分類される事業に係るものは、加工賃その他これに類する料金を対価とする役務の提供を行う事業であっても第五種事業（サービス業）に該当します（消基通13-2-4）。

(6)　第六種事業（不動産業）

不動産賃貸業、不動産仲介業、不動産管理業等、日本標準産業分類の不動産業に該当する課税資産の譲渡等は、第六種事業（不動産業）とな

ります（消基通13−2−4）。

4. 事業区分の方法

　事業の区分は、課税資産の譲渡等ごとに、次の方法によって行います（消基通13−3−1）。

- 　帳簿に事業の種類を記帳する方法
- 　取引の原始帳票等である納品書、請求書、売上伝票又はレジペーパー等に事業の種類又は事業の種類が区分できる資産の譲渡等の内容を記載する方法
- 　事業場ごとに一の種類の事業のみを行っている事業者にあっては、その事業場ごとに区分する方法

5. 事業の種類を区分していない場合

　事業の種類の区分が行われていない課税売上高は、その課税期間の事業のうち最も低いみなし仕入率に係る事業として、控除対象仕入税額の計算を行うこととされています（消令57④）。

　たとえば、第一種事業、第二種事業及び第三種事業がある課税期間の課税売上高について事業の種類を区分していない場合には、その区分されていない課税売上高の合計額について、すべて第三種事業に係るみなし仕入率を適用して控除対象仕入税額の計算を行います。その区分されていない課税売上高をすべて第六種事業として、仕入れに係る消費税額の計算を行うことにはなりません。

　また、事業者が課税期間中の課税売上高の一部について事業の種類を区分している場合には、その区分している課税売上高は区分されたところにより、区分していない部分の課税売上高はその課税期間の事業のうち最も低いみなし仕入率に係る事業として、控除対象仕入税額の計算を行うことになります。

　ただし、一の種類の事業に係る課税売上げのみを区分していない場合には、その課税期間における課税売上高から事業の種類を区分している事業に係る課税売上高の合計額を控除した残額を、その区分していない

種類の事業に係る課税売上高として取り扱うことができます。

　たとえば、第一種事業、第二種事業及び第三種事業を行っている事業者が、帳簿上、第一種事業と第二種事業に係る課税売上げを区分している場合には、区分していない残りの課税売上げは第三種事業として区分しているものとなります（消基通13-3-2）。

 ## Ⅲ　簡易課税制度の手続き

　簡易課税制度は、簡易課税制度選択届出書を提出した日の属する課税期間の翌課税期間以後の課税期間のうち、その基準期間における課税売上高が5000万円以下である課税期間について適用されます（消法37①）。

　仕入税額控除に係る事務を省略することができるかどうかをその課税期間が開始する前に判断しておく必要がある等の趣旨から、事前届出の制度とされ、その適用上限は、直近の申告によって確定している基準期間における課税売上高を基準としています。

【事業年度が1年の3月末決算法人である場合】

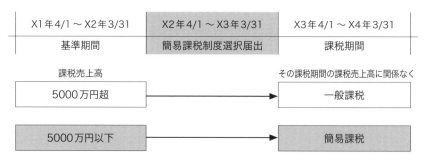

X1年4/1～X2年3/31	X2年4/1～X3年3/31	X3年4/1～X4年3/31
基準期間	簡易課税制度選択届出	課税期間

課税売上高		その課税期間の課税売上高に関係なく
5000万円超	→	一般課税
5000万円以下	→	簡易課税

　また、簡易課税制度についても、課税事業者の選択と同様に、2年間の継続適用期間が設けられています（消法37⑤⑥）。

1. 選択の手続き

⑴　簡易課税制度選択届出書の提出

　簡易課税制度の選択は、「簡易課税制度選択届出書」を納税地の所轄税務署長に提出して行います（消法37①）。

　簡易課税制度選択届出書は、免税事業者であっても提出することができます（消基通13-1-4）。

　簡易課税制度は、その事業者の控除対象仕入税額の計算について、一般課税に代えて適用するものであり、事業所ごと、支店ごと、所得区分ごとに簡易課税制度を選択することはできません。

⑵　届出の制限

　次の場合には、継続して一般課税で申告する「3年縛り」となるため、簡易課税制度選択届出書を提出することができません（消法37③）。

①　調整対象固定資産を取得した場合

区　分	簡易課税制度選択届出書を提出することができない期間
課税事業者を選択した事業者が、その継続適用期間中に、調整対象固定資産の仕入れ等を行い、一般課税により申告した場合	調整対象固定資産の仕入れ等の日の属する課税期間の初日から同日以後3年を経過する日の属する課税期間の初日の前日までの期間
新設法人又は特定新規設立法人に該当するため課税事業者となる法人が、その基準期間がない課税期間中に調整対象固定資産の仕入れ等を行い、一般課税により申告した場合	

　この場合において、調整対象固定資産の仕入れ等の日の属する課税期間の初日からその調整対象固定資産の仕入れ等の日までの間に簡易課税制度選択届出書を提出しているときは、その届出書の提出は、なかったものとみなされます（消法37④）。

②　高額特定資産を取得した場合等

区　分	簡易課税制度選択届出書を提出することができない期間
高額特定資産の仕入れ等を行い、一般課税により申告した場合	高額特定資産の仕入れ等の日の属する課税期間の初日から同日以後3年を経過する日の属する課税期間の初日の前日までの期間 ※　自己建設高額特定資産である場合は、その建設等が完了した日の属する課税期間の初日から同日以後3年を経過する日の属する課税期間の初日の前日までの期間
高額特定資産である棚卸資産について棚卸資産の調整の適用を受けた場合	棚卸資産の調整の適用を受けた課税期間の初日から同日以後3年を経過する日の属する課税期間の初日の前日までの期間 ※　調整適用日の前日までに建設等が完了していない調整対象自己建設高額特定資産である場合は、その建設等が完了した日の属する課税期間の初日以後3年を経過する日の属する課税期間の初日の前日までの期間

　この場合において、高額特定資産の仕入れ等の日の属する課税期間又は調整の適用を受けた課税期間の初日からそれぞれに掲げる場合に該当することとなった日までの間に簡易課税制度選択届出書を提出しているときは、その届出書の提出は、なかったものとみなされます（消法37④）。

(3)　効力発生の時期の原則

　簡易課税制度選択届出書の効力は、その届出書を提出した日の属する課税期間の翌課税期間の初日以後生じます（消法37①）。

　この場合、その届出書に、たとえば2年後等、翌課税期間以外の課税期間を適用開始時期として記載して指定することはできません。

　免税事業者がインボイス発行事業者の登録した場合等における届出時期の特例については、185頁「Ⅶ　簡易課税制度選択届出書の届出時期の特例」参照してください。

⑷　事業を開始した日の属する課税期間等に提出する場合

その提出をした日の属する課税期間が事業を開始した日の属する課税期間等である場合には、原則として、その提出をした日の属する課税期間から、簡易課税制度の適用が開始します（消法37①）。

ただし、簡易課税制度の選択は、事前の届出を基本としているので、その簡易課税制度選択届出書を提出した日の属する課税期間が事業を開始した日の属する課税期間等であっても、その翌課税期間から適用を開始することも当然に可能です。事業を開始した日の属する課税期間等の翌課税期間から適用を開始する場合には、簡易課税制度選択届出書に、適用開始課税期間の初日の年月日を明確に記載しなければなりません（消基通13−1−5）。

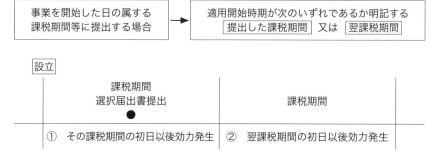

①又は②のいずれであるかを届出書に記載します。

⑸　事業を開始した日の属する課税期間等の範囲

事業を開始した日の属する課税期間とは、事業者が国内において課税資産の譲渡等に係る事業を開始した日の属する課税期間をいい、課税売上げが現実に生じていなくても、事務所の設置や資材の購入、使用人の雇入れ等の準備行為を開始した課税期間は、課税資産の譲渡等に係る事業を開始した日となります。

ただし、次の課税期間を含めて、事業を開始した日の属する課税期間等として取り扱います（消令56①）。

事業を開始した日の属する課税期間等の範囲
① 事業者が国内において課税資産の譲渡等に係る事業を開始した日の属する課税期間
② 個人事業者が相続により簡易課税制度の適用を受けていた被相続人の事業を承継した場合におけるその相続のあった日の属する課税期間（相続があった場合の納税義務の免除の特例により消費税を課税事業者となる課税期間に限る。）
③ 法人が吸収合併により簡易課税制度の適用を受けていた被合併法人の事業を承継した場合におけるその合併があった日の属する課税期間（合併があった場合の納税義務の免除の特例により消費税を課税事業者となる課税期間に限る。）
④ 法人が吸収分割により簡易課税制度の適用を受けていた分割法人の事業を承継した場合におけるその吸収分割があった日の属する課税期間（相続があった場合の納税義務の免除の特例により消費税を課税事業者となる課税期間に限る。）

　上記の表のうち、①の「事業者が国内において課税資産の譲渡等に係る事業を開始した課税期間」とは、法人の場合には、原則として、その法人の設立の日の属する課税期間をいいます。ただし、たとえば、次の課税期間も、「課税資産の譲渡等に係る事業を開始した日の属する課税期間」になります（消基通1-4-7）。

課税資産の譲渡等に係る事業を開始した日の属する課税期間
➢ 非課税資産の譲渡等に該当する社会福祉事業等のみを行っていた法人が、新たに国内において課税資産の譲渡等に係る事業を開始した日の属する課税期間
➢ 国外取引のみを行っていた法人が、新たに国内において課税資産の譲渡等に係る事業を開始した課税期間
➢ 設立の日の属する課税期間においては設立登記を行ったのみで事業活動を行っていない法人が、その翌課税期間等において実質的に事業活動を開始した日の属する課税期間

　また、その課税期間開始の日の前日まで2年以上にわたって国内において行った課税資産の譲渡等又は課税仕入れ及び保税地域からの課税貨物の引取りがなかった事業者が課税資産の譲渡等に係る事業を再び開始した課税期間は、「課税資産の譲渡等に係る事業を開始した日の属する課税期間」に該当します（消基通1-4-8）。

⑹　選択届出書の効力の存続

　簡易課税制度選択届出書は、その適用をやめる旨の届出書又は事業を廃止した旨の届出書を提出しない限り、その効力が存続します（消法

37⑦)。

　したがって、その届出書を提出した後に、基準期間における課税売上高が5000万円を超えることにより適用することができなくなった場合や基準期間における課税売上高が1000万円以下となり免税事業者となった場合であっても、その後の課税期間において基準期間における課税売上高が1000万円を超え5000万円以下となったときには、再び簡易課税制度が適用されます（消基通13-1-3）。

⑺　合併等があった場合

　法人が合併又は分割等により事業を承継した場合であっても、被合併法人又は分割法人が提出した簡易課税制度選択届出書の効力は、事業を承継した合併法人又は分割承継法人には及びません。したがって、その合併法人又は分割承継法人が簡易課税制度を選択しようとする場合には、新たに簡易課税制度選択届出書を提出する必要があります（消基通13-1-3の3、13-1-3の4）。

⑻　相続があった場合

　また、相続により事業を承継した場合も同様に、被相続人が提出した簡易課税制度選択届出書の効力は、事業を承継した相続人には及びません。したがって、その相続人が課税事業者を選択しようとする場合には、新たに簡易課税制度選択届出書を提出する必要があります（消基通13-1-3の2）。

2. 不適用の手続き

⑴ 簡易課税制度選択不適用届出書の提出

簡易課税制度の選択をやめようとする場合又は事業を廃止した場合には、その旨を記載した届出書を納税地の所轄税務署長に提出します（消法37④）。

具体的には、不適用の手続きは、次の届出書によります。

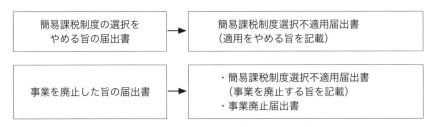

事業者が事業を廃止した場合において、課税事業者選択不適用届出書、課税期間特例選択不適用届出書、簡易課税制度選択不適用届出書のいずれかに事業を廃止する旨を記載して提出したときは、他の事業を廃止する旨の届出書も提出したものとして取り扱われます（消基通1−4−15）。

⑵ 不適用となる課税期間

簡易課税制度選択不適用届出書又は事業廃止届出書の提出日の属する課税期間の翌課税期間以後は、選択届出書はその効力を失い、控除対象仕入税額は一般課税によって計算することになります（消法37④）。

⑶ 不適用届出書の提出の制限（2年間の継続適用）

簡易課税制度選択届出書は、事業を廃止した場合を除き、その適用を開始した課税期間の初日から2年を経過する日の属する課税期間の初日以後でなければ、提出することができません（消法37⑥）。この制限により、簡易課税制度の選択は、少なくとも2年間は継続することになります。

- 簡易課税制度選択届出書を提出し、①（X1年4月1日）から簡易課税制度を適用します。
- 簡易課税制度選択不適用届出書は、①から2年を経過する日の属する課税期間の初日である②（X2年4月1日）以後、提出することができます。
- 簡易課税制度選択不適用届出書を②（X2年4月1日）に提出すると、簡易課税制度選択届出書の効力は③（X3年4月1日）に消滅し、結果として、X1年4月1日からX3年3月31日までの2年間が継続適用期間となります。

3. 届出書の提出の留意点

(1) 課税期間の末日が休日である場合

　国税に係る手続きについて、その期限が定められているものについては、その期限の日が土曜日、日曜日等の休日である場合には、その期限は翌日に延長されることとなっています（国通法10）。

　しかし、簡易課税制度選択届出書及び簡易課税制度選択不適用届出書については、その提出期限ではなく、効力の発生時期が定められているため、課税期間の末日が休日であっても、提出期限の延長の取扱いはありません。

　課税期間の末日が休日である場合には、その前日までに提出する必要があります。

(2) 郵送による場合

　郵便等に係る書類の提出時期については、納税申告書及びその添付書類

その他国税庁長官が定める書類が郵便等により提出された場合には、その郵便物又は信書便物の通信日付印により表示された日（その表示がないとき、又はその表示が明瞭でないときは、その郵便物又は信書便物について通常要する送付日数を基準とした場合にその日に相当するものと認められる日）にその提出がされたものとみなすこととされています（国通法22）。

　簡易課税制度選択届出書、簡易課税制度選択不適用届出書は、国税庁長官が定める書類に該当する（国税庁告示第7号　平成18年3月31日）ことから、その郵便が到着した日ではなく、発信した日が届出の日となります。

⑶　届出の取下げ

　簡易課税制度選択届出書は、その届出書の提出ができる日までは、取下げが可能です。

　取下げ書の書式は定められていません。取下対象となる届出書が特定できるよう、提出日、届出書の様式名（表題）、提出方法（書面又はe-Tax）、届出者の氏名・名称、納税地及び提出した届出書を取り下げる旨の記載をし、署名の上、所轄の税務署までご提出ください。

⑷　災害の被災者等の特例

　災害その他やむを得ない事情がある場合の届出等の特例については、第Ⅳ部　災害特例編を参照してください。

Ⅳ　基準期間における課税売上高の留意点

　簡易課税制度の適用の基準となる「基準期間における課税売上高」は、納税義務の判定を行う場合の「基準期間における課税売上高」と同じです。16頁を参照してください。

(1)　分割等を行った場合

　納税義務の判定においては、相続、吸収合併、新設合併、分割等、吸収分割について、それぞれ特例が設けられていますが、簡易課税制度の適用については、分割等の場合にだけ、特別な判定を行うこととされています（消基通13-1-1）。すなわち、法人が分割等を行った場合には、新設分割子法人及び新設分割親法人の簡易課税制度の適用については、納税の免除の特例に準じて計算した金額により、5000万円以下であるかどうかの判定を行います（消法37①、消令55）。

(2)　新たに設立した法人である場合

　法人の基準期間はその事業年度の前々事業年度であり、設立第1期及び設立第2期においては、基準期間が存在しません。

　基準期間が存在しない法人については、その基準期間における課税売上高を0と考えて、簡易課税制度を適用します。納税義務の免除の特例とは違って、資本金の額による判定は行いません（消基通1-5-19）。

(3)　個人事業者が開業した場合

　個人事業者の基準期間はその年の前々年です。たとえばその年に開業した個人事業者であっても、その年の前々年が基準期間となるので、個人事業者において基準期間が存在しないということはありません。したがって、基準期間において未だ開業していなかった場合には、その基準期間における課税売上高は0となり、簡易課税制度を適用します。

(4)　個人事業者の所得区分に変更があった場合

　基準期間における課税売上高は、所得区分の違いや事業内容の変化にかかわりなく計算することとされています。

　たとえば、基準期間には物品販売等の事業を行っていたけれど、現在はその物品販売業を廃業して不動産貸付けだけを行っているような場合、基準期間における課税売上高の計算の基礎となった事業所得の売上高とその課税期間の不動産所得の売上高とには関連がなく、その課税期

間の不動産の貸付けの規模を基準期間の物品販売業の売上高によって判断するのは、合理的でないようにも思えます。

　しかし、このような場合であっても、基準期間における課税売上高が5000万円を超えている場合には、その課税期間は簡易課税制度を適用することはできません。

第1章

インボイス制度の
趣旨と概要

Ⅰ 帳簿方式で始まった日本の消費税

　諸外国の付加価値税においては、課税事業者がその取引について課税された税額を記載して発行するインボイスの保存を仕入税額控除の要件とするインボイス制度が採用されています。インボイス制度は、売手が申告納付をした範囲内で買手の仕入税額控除を認める仕組みであり、EU付加価値税指令226条は、「インボイスを固有に識別できる、－または複数の系統に基づく連番」「納税義務者が物品・サービスの供給を行う際に、本指令214条により求められる付加価値税識別番号」をインボイスに表示することを求めています。

　これに対し、平成元年4月1日に始まった日本の消費税は、帳簿又は請求書等の保存を仕入税額控除の要件とする「帳簿方式」でした。消費税創設を定めた税制改革法は、課税の累積を排除する仕組みについて、「我が国における取引慣行及び納税者の事務負担に極力配慮したものとする」（税制改革法10②）としています。帳簿方式は、帳簿等の記載に基づき、課税仕入れの総額に税率を適用して得られた金額を控除額の計算の基礎とするものであり、仕入先から交付された請求書等の保存がなくても、自らが仕入れの事実を記帳した帳簿を保存すれば、仕入税額控除が認められる仕組みです。

　他国に類を見ない帳簿方式とする決断を後押ししたのは、シャウプ税制以後定着した青色申告制度による記帳水準の高さであり、適正な申告納税を支える税理士制度の存在であったといえるでしょう。

Ⅱ 制度の透明性の確保のために請求書等保存方式へ

　消費税が始まると、「自己記録」を控除の基礎とする帳簿方式は、制度の透明性と信頼性の確保という点から問題視され、「第三者作成書類」を保存する方法が求められ、平成6年度税制改正において、仕入れの事

実を記載した帳簿の保存に加え、前段階の事業者が発行した請求書等の客観的な証拠書類の保存を要件とする「請求書等保存方式」に改められました。

　ここでも、インボイス制度は採用されなかったのです。その理由は、免税事業者の保護にあったと考えられます。両制度の違いは、免税事業者からの課税仕入れについての考え方、すなわち前段階の業者による納税なき仕入れについて控除を認めるか否か、という点です。免税事業者の仕入れにも消費税が課されていること、免税事業者の対事業者向け売上げの全事業者の売上げに占める比率は極めて小さいこと、免税事業者からの仕入れについて税額控除を認めないとすると課税の累積が生じること、免税事業者の取引からの排除等の問題に配慮する必要があること等の理由から、事業者に新たな書類の作成など追加的な事務負担が生じない請求書等保存方式が選択されました。

Ⅲ　軽減税率の導入に伴うインボイス制度への移行

　上述のとおり、日本の消費税は、その創設時及び平成6年度税制改正にあたって、インボイス制度は採用しないという判断をしました。しかし、平成28年度税制改正において、標準税率引上げの緩衝材として、酒類と外食を除く飲食料品の譲渡及び定期購読契約による新聞の譲渡を対象とする軽減税率が導入され、それまでの議論は白紙に戻されます。

　仕入税額控除は、税の累積を排除する手続きであり、一つの取引について、売手が売上税額の計算に適用する税率と、買手が仕入税額控除の計算に適用する税率は、必ず一致していなければなりません。その担保としてインボイスが必要とされ、軽減税率の導入に伴って日本型のインボイス制度「適格請求書等保存方式」への移行が決定しました。

　軽減税率の導入は、消費税創設以来の単一税率制度を複数税率制度とするものです。また、適格請求書等保存方式（以下「インボイス制度」といいます）への移行は、すべての事業者に関わる改革です。事業者の

負担や実務の混乱が予想され、執行可能性を考慮すれば、軽減税率の導入とインボイス制度への移行を同時に行なうことは困難であると判断され、インボイス制度は、軽減税率の導入から4年後に実施することとされました（28年改正法附則1九）。

　そして、当面は請求書等保存方式を維持することになりました。ただし、一つの請求書等に税率が異なる課税仕入れが記載されている場合には、その税率を明らかにする必要があり、仕入税額控除の要件として保存する請求書等には、従前の記載事項に加え、軽減税率の対象にはその旨及び税率ごとの支払対価の額の合計額が記載されていなければならないものとされました。

　軽減税率が導入された令和元年10月1日以後は、単一税率制度下の請求書等保存方式と区別して、区分記載請求書等保存方式と呼ばれています。

インボイス制度の概要

1. インボイス発行事業者の登録と仕入税額控除の要件

　インボイス制度は、「適格請求書」（以下「インボイス」といいます）を発行する「適格請求書発行事業者」（以下「インボイス発行事業者」といいます）を国税庁に登録する事業者登録制度を基礎としています。

　インボイスとは、売手が買手に対して、正確な適用税率や消費税額等を伝えるものであり、具体的には、従来保存すべきものとされていた請求書等の記載事項に、「登録番号」、「適用税率」及び「消費税額等」の記載が追加された書類やデータをいいます。

　インボイス制度では、売手及び買手に、次のような手続きが必要となります。

売 手	インボイスを交付するためには、国税庁に申請をして、インボイス発行事業者の登録を受ける必要があります。 インボイス発行事業者は、課税資産の譲渡等について、買手である課税事業者からの求めに応じて、インボイスを交付し、その写しを保存しなければなりません。
買 手	仕入税額控除の適用は、原則として、帳簿及びインボイスの保存が必要です。 インボイスの保存に代えて、買手が自ら作成した仕入明細書等で、インボイスに記載が必要な事項が記載され売手の確認を受けたものを保存することもできます。

2. 納付すべき税額の計算方法

　納付すべき税額の計算方法は従来と変わりません。控除対象仕入税額の計算の基礎となる課税仕入れに係る消費税額（以下「仕入税額」といいます）は、交付を受けたインボイスに記載された消費税額等を基礎に計算するという建前をとっています（消法30①）が、それは、課税標準額に対する消費税額（以下「売上税額」といいます）を「積上げ計算」とする場合に適用しなければならないものとされています。

　売上税額の「積上げ計算」は、少額の売上げを大量に繰り返す小売業等において、顧客から受領する消費税額等の1円未満の端数を切り捨てている場合を想定したものであり、したがって、多くの事業者においては、インボイスに記載された消費税額等を集計することはなく、従前と同様に、税込売上高から売上税額を計算し、税込仕入高から仕入税額を計算することとなります。

【売上税額】

　①　売上税額は、割戻し計算が原則です。

　　※　割戻し計算……その課税期間の税込課税売上高の合計額を基礎とする計算方法

　②　少額の売上げを大量に繰り返す小売業者等のために、「積上げ計算」があります。

　　※　積上げ計算……交付したインボイス又は簡易インボイスに記載した消費税額等を積み上げる計算方法

※ 売上税額に積上げ計算をする場合は、仕入税額に「割戻し計算」を適用することはできません。

【仕入税額】

① 仕入税額は、積上げ計算を原則とする建前を取っています。

※ 請求書等積上げ計算……保存するインボイスに記載された消費税額等を積み上げる計算方法

※ 帳簿積上げ計算……課税仕入れの都度計上した仮払消費税額等を積み上げる計算方法

② ただし、売上税額について割戻し計算を適用している場合には、仕入税額についても割戻し計算とすることができます。したがって、少額の売上げを大量に繰り返す小売事業者等を除いて、多くの事業者は、これまでと変わらず割戻し計算によることができます。

※ 割戻し計算……その課税期間の税込課税仕入れの合計額を基礎とする計算方法

3. 事業者免税点制度との関係

インボイス発行事業者の登録は、課税事業者でなければできません。インボイスは、売手が買手に対して、正確な適用税率や消費税額等を伝える手段です。インボイスに記載した適用税率や消費税額等の適正性は、交付した事業者自らが申告することによって担保されることになるので、免税事業者は登録することができずインボイスを交付することができません。

インボイス制度においては、免税事業者は、請求書等に登録番号を記載しないことによって、自らが免税事業者であることを告白することになります。この意味において、インボイス制度は事業者登録制度に他ならないといえるでしょう。

4. 仕入先が登録しない場合

インボイス発行事業者以外からの仕入れについては、控除できない税

額は買手のコストになってしまいます。買手には、「インボイスのない課税仕入れ」を区分する事務負担も生じます。そこで、控除できない税額分の支払を減額する交渉をすると考えられますが、買手が、登録をしない仕入先に対して価格交渉を行う場合には、独占禁止法又は下請法に配慮することが求められます。

　令和4年1月19日、公正取引委員会は関係省庁と共同作成した「免税事業者及びその取引先のインボイス制度への対応に関するQ&A」を公表しました（令和4年3月8日改正）。Q7には次のような記述があります。

　事業者がどのような条件で取引するかについては、基本的に、取引当事者間の自主的な判断に委ねられるものですが、免税事業者等の小規模事業者は、売上先の事業者との間で取引条件について情報量や交渉力の面で格差があり、取引条件が一方的に不利になりやすい場合も想定されます。

　自己の取引上の地位が相手方に優越している一方の当事者が、取引の相手方に対し、その地位を利用して、正常な商慣習に照らして不当に不利益を与えることは、優越的地位の濫用として、独占禁止法上問題となるおそれがあります。

　仕入先である免税事業者との取引について、インボイス制度の実施を契機として取引条件を見直すことそれ自体が、直ちに問題となるものではありませんが、見直しに当たっては、「優越的地位の濫用」に該当する行為を行わないよう注意が必要です。

　また、令和5年5月17日には、「インボイス制度の実施に関連した注意事例について」を公表しました。

インボイス制度の実施に関連した注意事例について

令和5年5月　公正取引委員会

1　趣　旨

　公正取引委員会は、インボイス制度の実施に際して免税事業者とその取引先との間で独占禁止法・下請法上問題となり得る行為について、令和4年1月、関係省庁と共同で作成した「免税事業者及びその取引先のインボイス制度への対応に関するQ&A」（以下「インボイスQ&A」という。）において独占禁止法・下請法上の考え方を明らかにしています。インボイスQ&Aでは、発注事業者（課税事業者）が、免税事業者に対し、「課税事業者にならなければ、取引価格を引き下げるとか、それにも応じなければ取引を打ち切ることにするなどと一方的に通告することは、独占禁止法上又は下請法上、問題となるおそれがあります」（Q7の6）との考え方を示しています。

　今般、インボイス制度の実施に関連して、独占禁止法違反につながるおそれのある複数の事例が確認されたため、違反行為の未然防止の観点から、どういった業態の発注事業者と免税事業者との間でそうした事例が発生したかということに加え、事例を踏まえた独占禁止法・下請法上の考え方を明らかにしておくこととしました。

2　注意事例

　一部の発注事業者が、経過措置^(注)により一定の範囲で仕入税額控除が認められているにもかかわらず、取引先の免税事業者に対し、インボイス制度の実施後も課税事業者に転換せず、免税事業者を選択する場合には、消費税相当額を取引価格から引き下げると文書で伝えるなど一方的に通告を行った事例がみられました。

（注）免税事業者からの課税仕入れについては、インボイス制度の実施後3年間は、仕入税額相当額の8割、その後の3年間は同5割の控除ができることとされています。

　このため、公正取引委員会は、以下の発注事業者に対し、独占禁止法違反行為の未然防止の観点から注意を行いました。

【注意した事業者の業態及び取引の相手方】

注意した事業者の業態	取引の相手方
イラスト制作業者	イラストレーター
農産物加工品製造販売業者	農家
ハンドメイドショップ運営事業者	ハンドメイド作家
人材派遣業者	翻訳者・通訳者
電子漫画配信取次サービス業者	漫画作家

3　独占禁止法上又は下請法上の考え方

　取引上優越した地位にある事業者が、経過措置により一定の範囲で仕入税額控除が認められているにもかかわらず、取引先の免税事業者に対し、インボイス制度の実施後も課税事業者に転換せず、免税事業者を選択する場合に、消費税相当額を取引価格から引き下げるなどと一方的に通告することは、独占禁止法上問題となるおそれがあります。また、下請法上の親事業者が、経過措置により一定の範囲で仕入税額控除が認められているにもかかわらず、取引先の免税事業者である下請事業者に対し、インボイス制度の実施後も課税事業者に転換せず、免税事業者を選択する場合に、消費税相当額を取引価格から引き下げるなどと一方的に通告することは、下請法上問題となるおそれがあります。

【想定事例】
○　発注事業者（課税事業者）が、経過措置 （注） により**一定の範囲で仕入税額控除が認められているにもかかわらず**、取引先の免税事業者に対し、インボイス制度の実施後も**課税事業者に転換せず、免税事業者を選択する場合**には、**消費税相当額を取引価格から引き下げると一方的に通告**した。

　（注）免税事業者からの課税仕入れについては、インボイス制度の実施後3年間は、仕入税額相当額の8割、その後の3年間は同5割の控除ができることとされている。

① 文書の発出

② 文書には…

➤それ、**独占禁止法上又は下請法上問題**となるおそれがあります！

　発注事業者（課税事業者）が、経過措置により**一定の範囲で仕入税額控除が認められているにもかかわらず**、取引先の免税事業者に対し、**インボイス制度の実施後も課税事業者に転換せず、免税事業者を選択する場合**に、**消費税相当額を取引価格から引き下げるなどと一方的に通告**することは、独占禁止法上又は下請法上問題となるおそれがあります。

　「一定の範囲で仕入税額控除が認められる」とは、次の「8割控除の経過措置」を指しています。

V　免税事業者からの課税仕入れに係る経過措置「8割控除」

　インボイスを交付することができない免税事業者との取引に与える影響を緩和し、インボイス制度を円滑に実施する観点から、激変を緩和するため、8割控除の経過措置が設けられています。

　インボイス制度の導入後6年間は、インボイス制度において仕入税額控除が認められない課税仕入れであっても、区分記載請求書等保存方式において仕入税額控除の対象となるものについては、次の割合で仕入税額控除が認められます（平28年改正法附則52、53）。

> 令和8年9月30日までの3年間……80％控除可能
>> 令和11年9月30日までの3年間……50％控除可能
>>> 令和11年10月1日以後……控除できない

1. 帳簿の記載

　この経過措置の適用を受けるためには、帳簿に、たとえば、「80％控除対象」、「免税事業者からの仕入れ」など、経過措置の適用を受ける課税仕入れである旨を記載しておかなければなりません。この記載は、適用対象となる取引に、「※」や「☆」といった記号・番号等を表示し、これらの記号・番号等が「経過措置の適用を受ける課税仕入れである旨」を別途「※（☆）は80％控除対象」などと表示する方法も認められます。

2. 区分記載請求書等の保存

　また、区分記載請求書等と同様の記載事項が記載された請求書等の保存が必要です。

　現行法においては、区分記載請求書等は「紙」に限られており、区分記載請求書等の記載事項に係るデータの提供を受けて「紙」の交付を受

けない場合には、区分記載請求書等の保存がないものと整理されますが、インボイス制度においては、区分記載請求書等の記載事項に係るデータの提供を受け、そのデータを保存する場合にも、経過措置の適用が認められます（令和4年度改正、平28年改正法附則52①②、53①②）。

　なお、軽減対象課税資産の譲渡等である旨及び税率ごとの税込対価の額の合計額は、買手が追記することができます（消基通21-1-4）。

 小規模事業者に係る税額控除に関する経過措置［2割特例］

1. 趣　旨

　「8割控除」の経過措置は、買手の仕入税額控除の調整、すなわち、買手における事務負担及び控除できない税額の負担あるいは独占禁止法等を踏まえた交渉などの負担の上に、売手が免税事業者に留まることを保護する施策であると評価することができます。

　令和5年度税制改正においては、インボイス制度の開始から3年間は、免税事業者がインボイス発行事業者の登録のために課税事業者となる場合に、その納付税額を課税標準額に対する消費税額の20%（売上税額の2割）相当額とすることができる「2割特例」の経過措置が設けられました。

　2割特例は、売手が課税事業者となった場合の8割控除であり、8割控除の経過措置とのバランスを図るものです。免税事業者が課税転換するための支援であり、仕入先に免税事業者がある課税事業者への支援となります。

2. 2割特例の効果

　課税売上高が1000万円以下の事業者は、少ない収入と高い利益率で事業を維持していると思われます。

　例えば、プログラマーやデザイナーのように棚卸資産の課税仕入れがない事業では、一般に簡易課税制度を選択するのが有利です。簡易課税

制度を選択した場合、たとえ課税仕入れがなくても、サービス業の納付税額は売上税額の50%相当額となるからです。2割特例によればさらに有利です。納付税額は売上税額の20%相当額となり、簡易課税による納付税額の6割をカットすることができます。

【プログラマーの税抜き課税売上高が800万円である場合】

売上税額	簡易課税による納付税額	2割特例による納付税額
80万円	40万円	16万円

　日本商工会議所のヒアリング調査[1]では、免税事業者（BtoB）が課税転換する際の課題として、62.0%が「消費税負担により資金繰りが厳しくなる」、44.8%が「消費税分の価格転嫁が難しく、利益が減少する」と回答しています。

　2割特例によれば、消費税率10%の満額を価格転嫁する必要はありません。1.8%の値上げができれば、従前の利益を確保することができます。消費税を受け取っていた免税事業者であれば、コストが1.8%増加するのみであると考えることができます。

適用税率	売上税額に対する納付税額の割合	税抜売上高に対する納付税額の割合	税込売上高に対する納付税額の割合
標準税率10%	20%	2.0%	約1.8%
軽減税率8%		1.6%	約1.5%

3. 具体的な計算方法

　2割特例の具体的な計算は、みなし仕入率が80%である場合の簡易課税と同じです（28年改正法附則51の2①②）。

①　課税標準額に対する消費税額は、積上げ計算、割戻し計算又は両者の併用のうち、いずれの方法によってもかまいません。

②　控除対象仕入税額は、次の特別控除税額となります。

1　「『消費税インボイス制度』と『バックオフィス業務のデジタル化』等に関する実態調査結果」（2022年9月8日、日本・東京商工会議所）8頁。

$$\begin{array}{|c|}
\hline
\text{控除対象仕入税額} \\
\text{（特別控除税額）}
\\
\hline
\end{array} = \begin{array}{|l|}
\hline
\text{課税標準額に対する消費税額} \\
\triangle \quad \text{対価の返還等に係る消費税額} \\
+ \quad \text{貸倒回収に係る消費税額}
\\
\hline
\end{array} \times 80\%$$

③　納付税額は、①の課税標準額に対する消費税額から、②の特別控除税額、売上対価の返還等に係る税額及び貸倒れに係る税額の合計額を控除して算出します。

④　売上対価の返還等に係る税額及び貸倒れに係る税額がなければ、課税標準額に対する消費税額の2割相当額が納付税額となります。

4. 経過措置期間

2割特例は、令和8年9月30日の属する課税期間を期限とする経過措置です。

【個人事業者の場合】

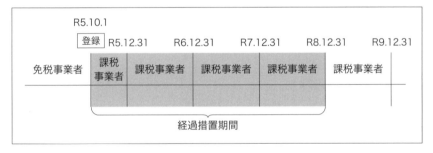

【3月末決算法人の場合】

5. 適用対象

2割特例は、免税事業者が、インボイス発行事業者の登録によって課税事業者になった場合に適用されます。インボイス発行事業者の登録と関係なく事業者免税点制度の適用を受けないこととなる場合には適用がありません（28年改正法附則51の2①）。

また、課税期間を1か月又は3か月に短縮する特例の適用を受ける場合についても、2割特例の適用はできません（28年改正法附則51の2①）。

2割特例の対象とならない課税期間

① 基準期間における課税売上高が1000万円を超える課税期間（消法9①）

② 特定期間における課税売上高が1000万円を超える課税期間（消法9の2①）

③ 次の特例により課税事業者となる課税期間

 イ. 相続があった場合の特例（消法10）（相続があった年については登録日の前日までに相続があった場合に限る）

 ロ. 合併又は分割があった場合の特例（消法11、12）

 ハ. 新設法人又は特定新規設立法人の特例（消法12の2①、12の3①）

 ニ. 調整対象固定資産又は高額特定資産を取得した場合等の特例（消法9⑦、12の2②、12の3③、12の4①②）

 ホ. 法人課税信託の特例（消法15④〜⑦）

④ 課税期間を短縮する特例の適用を受ける課税期間（消法19①）

⑤ 上記の他、課税事業者選択届出書の提出により令和5年10月1日前から引き続き課税事業者となる課税期間

上記③イ.…相続があった場合

相続により、基準期間における課税売上高が1000万円を超える被相続人の事業を承継した相続人は、自己の基準期間における課税売上高が1000万円以下であっても、相続開始の日の翌日から課税事業者となります（消法10①）。

上記③イ.の（　）書きは、登録を受けた後に相続が開始した場合の取扱いです。登録後の予期しない相続により課税期間の途中から適用が受けられないこととなるのは不適当と考えられることから、相続があっ

た場合の納税義務の免除の特例の適用があっても、相続があった年において、2割特例を適用することができることとされています（28年改正法附則51の2①三）。

　しかし、相続開始後に登録した場合は、2割特例の適用はありません。

【相続があった年の2割特例の適用】

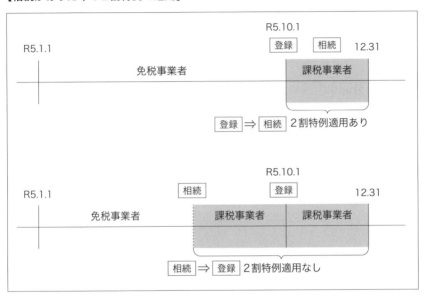

　相続があった年の翌年又は翌々年においては、相続があった場合の納税義務の免除の特例により課税事業者となる場合は、上記のいずれにおいても2割特例の適用はできません。課税期間ごとに判断します。

上記⑤…令和5年9月30日以前の期間を含む申告となる場合

　令和5年については、課税事業者選択届出書を提出してインボイス制度の開始前から引き続き課税事業者となる場合、すなわち、令和5年9月30日以前の期間を含む申告となる場合は、2割特例の適用を受けることはできません（28年改正法附則51の2①一）。

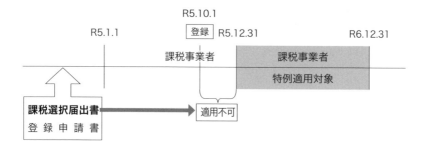

　この場合において、令和5年12月31日までに、課税事業者選択不適用届出書を提出したときは、令和5年から課税事業者選択届出書の効力を失効することができます（28年改正法附則51の2⑤）。これにより、令和5年1月から9月までは免税事業者となり、10月1日から12月31日までの期間について2割特例を適用することが可能となります。

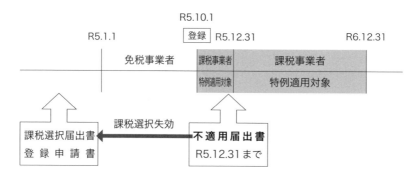

6. 適用の手続き

　申告書に2割特例で計算した納付税額を記載し、2割特例適用欄にチェックを入れることで適用することができます（28年改正法附則51の2③）。

　簡易課税制度と違って、選択届出書・不適用届出書の提出などの手続きはなく、2年間の継続適用といったルールもありません。

7. 簡易課税制度選択届出書を提出している場合

　2割特例は、一般課税と簡易課税のいずれを選択している場合でも、

適用が可能です。すでに簡易課税制度選択届出書を提出している場合であっても取り下げる必要はありません。

簡易課税制度選択届出書提出　あり	簡易課税制度選択届出書提出　なし
⬇	⬇
申告書において **簡易課税**と**2割特例**のいずれか選択	申告書において **一般課税**と**2割特例**のいずれか選択

　簡易課税制度選択不適用届出書は、事業を廃止した場合を除き、選択届出書の効力が生じた日から2年を経過する日の属する課税期間の初日以後でなければ提出することができません（消法37⑥）。

　この場合、2割特例を適用したために一度も簡易課税制度を適用しなくても影響を受けることはありません。

VII　簡易課税制度選択届出書の届出時期の特例

1.2割特例から移行する場合の特例

　2割特例の適用を受けたインボイス発行事業者が、その適用を受けた課税期間の翌課税期間の末日（確定申告期限ではありません）までに簡易課税制度選択届出書を提出した場合には、その翌課税期間の初日の前日に提出したものとみなされ、その提出した日の属する課税期間から簡易課税制度を適用することができます（28年改正法附則51の2⑥）。

　この場合、簡易課税制度選択届出書に、この提出時期の特例の適用を受ける旨を記載しなければなりません（28年改正法附則51の2⑥）。

【個人事業者が経過措置終了により簡易課税制度を選択する場合】

【個人事業者の基準期間における課税売上高が1000万円を超えた場合】

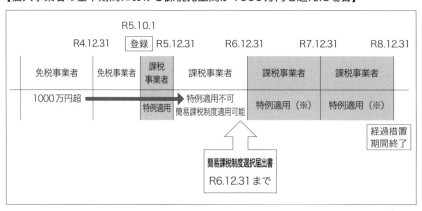

　令和7年、8年については、基準期間における課税売上高が1000万円以下であるなど適用要件を満たせば、再び2割特例を適用することができます。

2. 新たに登録した場合の特例

　令和5年10月1日から令和11年9月30日の属する課税期間においてインボイス発行事業者の登録をする免税事業者が、登録日の属する課税期間の末日までに「簡易課税制度選択届出書」を提出した場合には、その課税期間の初日の前日に提出したものとみなされ、提出した日の属する課税期間から簡易課税制度を適用することができます。

　この場合、簡易課税制度選択届出書に、この提出時期の特例の適用を受ける旨を記載しなければなりません（平30年改正令附則18）。

【個人事業者が令和6年2月1日に登録する場合】

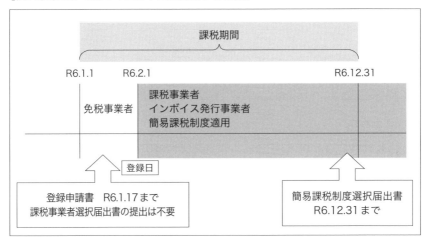

Ⅷ　2割特例による新たな壁

　問題は、2割特例が3年間の経過措置であるということです。制度の入り口では1.8％の値上げで賄えたとしても、これをどのように増額するかという問題が始まります。

　インボイス制度への移行の障壁は、免税事業者からの仕入れが控除対象外となることです。その壁は2割特例によって低くなりましたが、同時に2割特例の終了という新たな壁が出現しました。消費税における2027年問題といっても過言ではないでしょう。

　本来、インボイス制度が開始して後に事業を開始する事業者、つまり入口の壁を知らない事業者は、インボイス制度が所与となるはずでした。免税事業者は自らが申告納税をしないことを告白して消費税を受け取らないし、課税事業者はインボイスと引換えに受け取った消費税を納税するということです。しかし、小規模事業者は、課税仕入れ

等がなくても、令和8年までは受け取った消費税の2割の納税に軽減されるので、令和9年以後の本来の計算と納税に対する負担感がより大きくなります。

新たに出現した壁は、彼らの前にも立ちはだかることとなります。

 登録する場合・しない場合

【登録する場合】

顧客が、課税事業者で、かつ、一般課税である場合はインボイスの交付が求められる

 免税事業者が登録するときは

登録手続	○登録は、登録希望日の15日前の日までに申請			
2割特例	○卸売業又は設備投資がある場合を除いて2割特例が有利 ・納税額は税込売上高の約1.8%（飲食料品の販売は約1.5%） ・令和8年分までの経過措置 ・適用の手続きは申告書に記載するだけ ・簡易課税制度選択届出書を提出していても申告時に選択できる			
簡易課税	○卸売業は、設備投資がなければ簡易課税が有利 ○卸売業以外は、2割特例期間終了後の適用を検討			
	届出特例	①登録日の属する課税期間の末日までに選択届出書を提出 ②2割特例適用の翌課税期間の末日までに選択届出書を提出		提出課税期間から適用
一般課税	課税仕入れが課税売上げの8割超で帳簿とインボイスの保存ができれば一般課税が有利			

【登録しない場合】

- 提供する商品や技術の希少性、人手不足や供給不足といった理由で、インボイスの交付を求められないケースが想定される
- 顧客が消費者、免税事業者、2割特例又は簡易課税を適用する課税事業者である場合は、インボイスの交付を求められないと考えられる
- インボイス制度開始から6年間は、顧客が中小企業（基準期間における課税売上高が1億円以下等）で1回の売上代金が1万円未満なら、インボイスの交付を求められない可能性がある

免税事業者が登録しないときは

値札や領収書の表示に注意	○　請求書等に「T＋13桁の数字」といった登録番号と誤認されるような記載をすると「偽インボイス」になる ○　偽インボイスには1年以下の懲役又は50万円以下の罰金 ○　消費税額等の記載がある場合には、取引額として買手の納得を得にくい ○　8割・5割特例の適用のために、軽減税率である旨の記載及び税率ごとの対価の額の合計額の記載が求められる

Ⅹ　免税事業者が交付する請求書等

1. 偽インボイスの交付の禁止

　インボイス発行事業者でない者が、インボイス発行事業者が作成したインボイスであると誤認されるおそれのある表示をした書類（適格請求書類似書類等）を交付することは禁止されています。具体的には、T＋13桁の数字といった登録番号と誤認されるような記載をすることはできません。

　禁止行為には、1年以下の懲役又は50万円以下の罰金という罰則が設けられています（消法65四）。

2. 消費税額等の記載は禁止されない

　上述のとおり、免税事業者が作成する請求書に登録番号と誤認されるおそれのある記載はできません。

　消費税額等の記載については、「免税事業者は、取引に課される消費税がないことから、請求書等に「消費税額」等を表示して別途消費税相当額等を受け取るといったことは消費税の仕組み上、予定されていません」（軽減個別QA問111）と説明しています。

3. 消費税額等の記載は避けるべき

　ただし、登録番号の記載のない請求書等に消費税額等の記載がある場合には、取引額として買手の納得を得にくい状況となることは想像に難くありません。値下げ交渉の材料になるでしょう。

　登録をしないで免税事業者のまま事業を継続する場合には、請求書等への消費税額等の表示や消費税額等を上乗せする価格表示は避けるべきです。表示の変更は、インボイス制度の開始を待たず、なるべく早期に行いましょう。

※　軽減税率の対象にはその旨を記載すること、対価の額については税率ごとの合計額を記載することが求められます。

第2章

適格請求書
発行事業者登録制度

Ⅰ インボイス発行事業者の登録

インボイスを交付することができる者は、税務署長の登録を受けたインボイス発行事業者です（消法2①七、57の2①）。

登録ができるのは課税事業者に限定されています。免税事業者は登録を受けることができません（消法57の2①）。

1. 登録の申請と通知

インボイス発行事業者の登録を受けようとする事業者は、「適格請求書発行事業者の登録申請書」をその納税地の所轄税務署長に提出しなければなりません（消法57の2②）。

申請書の提出を受けた税務署長は、登録拒否事由に該当しない場合にはインボイス発行事業者の登録を行うとともに、その旨を書面で通知します（消法57の2③⑤⑦）。

2. 登録の効力

インボイス発行事業者の登録は、適格請求書発行事業者登録簿に登載された日（以下「登録日」といいます）からその効力を有するので、登録の通知を受けた日にかかわらず、登録日以後に行った課税資産の譲渡等についてインボイスを交付することとなります（消基通1-7-3）。

登録日から登録の通知を受けた日までの間に行った課税資産の譲渡等については次のような対応が考えられます（消基通1-7-3）。

- インボイスの交付が遅れる旨を伝え、通知後にインボイスを交付する
- 通知を受けるまでは暫定的な請求書を交付し、通知後に改めてインボイスを交付しなおす
- 通知を受けるまでは暫定的な請求書を交付し、通知後にその請求書との関連性を明らかにした上で、インボイスに不足する記載事項（登録番号等）を通知する

3. 登録の拒否

　税務署長は、登録を受けようとする事業者が、消費税法の規定に違反して罰金以上の刑に処せられ、その執行を終わり、又は執行を受けることがなくなった日から2年を経過しない者である場合には、その登録を拒否することができます（消法57の2⑤）。

　また、国外事業者については、納税管理人の届出（国通法117②）をしていないこと等の登録拒否要件があります。

4. 免税事業者が登録を受ける場合

⑴　原　則

　免税事業者がインボイス発行事業者の登録を受けるためには、課税事業者選択届出書を提出し、課税事業者となる必要があります（消基通1－7－1）。

　免税事業者が課税事業者となる課税期間の初日から登録を受けようとする場合には、その課税期間の初日から起算して15日前の日までに登録申請書を提出しなければなりません（消法57の2②、消令70の2①）。この場合において、その課税期間の初日後に登録されたときは、同日に登録を受けたものとみなされます（消令70の2②）。

⑵　免税事業者の登録に係る経過措置

　免税事業者が令和5年10月1日から令和11年9月30日までの日の属する課税期間中に登録を受ける場合には、課税事業者選択届出書を提出することなく、登録申請書の提出によって登録を受けた日から課税事業者となります（平28年改法附則44④、消基通21－1－1）。

①　申請の時期

　この経過措置の適用により、課税期間の途中でインボイス発行事業者の登録を受ける場合は、登録申請書に、提出する日から15日を経過する日以後の日を登録希望日として記載します。この場合において、その

登録希望日後に登録がされたときは、その登録希望日に登録を受けたものとみなされます（改正令附則15②③）。

　具体的には、登録希望日の「2週前の日の前日」が申請期限です。登録希望日が木曜日であれば、2週前の水曜日までに申請しなければなりません。

　なお、附則15条2項の規定振りは期限を定めるものではないので、国税通則法10条2項の期限の延長の特例は適用されません。2週間前の日の前日が休日であっても、その翌日とはなりません。

【令和6年2月1日に登録を希望する場合】

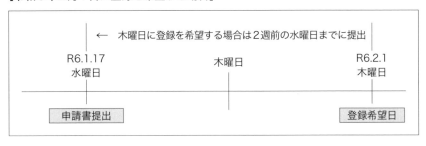

②　納付すべき税額の計算

　課税期間の途中で登録を受けた場合には、登録日からその課税期間の末日までの期間における課税資産の譲渡等について、消費税の申告が必要となります（平28改消法附44④）。

③　2年縛りの適用

　課税事業者選択届出書を提出した場合は、課税事業者選択不適用届出書の提出の制限により、少なくとも2年間は継続して課税事業者となります。いわゆる「2年縛り」です。

　免税事業者が課税事業者選択届出書を提出しないで登録申請書の提出のみでインボイス発行事業者となった場合は、課税事業者選択不適用届出書の提出という手続きがありませんから、この2年縛りの対象ではありません。

　ただし、課税事業者選択届出書を提出した事業者と平仄をあわせるた

めに、令和5年10月1日の属する課税期間の翌課税期間以後は、登録開始日から2年を経過する日の属する課税期間までの間は、継続して課税事業者として申告するものとされています（28年改正法附則44⑤）。

【個人事業者が令和6年2月1日に登録した場合】

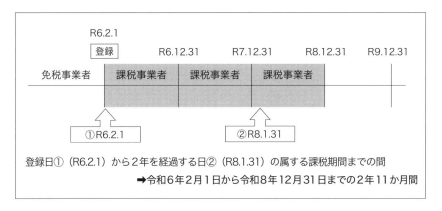

上記において、令和8年1月31日までに課税期間を1か月に短縮する「課税期間特例選択届出書」を提出すれば、継続して課税事業者となる期間は令和8年1月31日までとなります。

ただし、課税期間を短縮する特例の適用を受ける課税期間には、2割特例の適用はありません。

5. 新たに設立された法人等の登録時期の特例

新たに設立された法人が、事業を開始した日の属する課税期間の初日から登録を受けようとする旨を記載した登録申請書を、事業を開始した日の属する課税期間の末日までに提出した場合において、税務署長により適格請求書発行事業者登録簿への登載が行われたときは、その課税期間の初日に登録を受けたものとみなされます（消令70の4、新消規26の4）。

(1)　課税事業者である場合

新たに設立された法人が設立の時から課税事業者である場合は、設立後、その課税期間の末日までに、登録申請書に「課税期間の初日から登

録を受けようとする旨」を記載して提出することにより、設立をした課税期間の初日に遡って登録を受けたものとみなされます。

⑵ 免税事業者である場合

新たに設立された法人が免税事業者である場合において、令和5年10月1日から令和11年9月30日までの日の属する課税期間に設立されたときは、設立後、その課税期間の末日までに、登録申請書に「課税期間の初日から登録を受けようとする旨」を記載して提出することにより、事業を開始（設立）した課税期間の初日に遡って登録を受けたものとみなされ、課税期間の初日（登録日）から課税事業者となります。

令和11年9月30日までの日の属する課税期間以後に設立されたときは、課税選択届出書と登録申請書を併せて提出する必要があります。

Ⅱ 登録の取消し

税務署長は、インボイス発行事業者が次の事実に該当すると認めるときは、その登録を取り消すことができます（消法57の2⑥）。

【インボイス発行事業者の登録の取消事由】

①　そのインボイス発行事業者が一年以上所在不明であること。
②　そのインボイス発行事業者が事業を廃止したと認められること。
③　そのインボイス発行事業者が合併により消滅したと認められること。
④　納税管理人を定めなければならないインボイス発行事業者が国税通則法112条2項の納税管理人の届出をしていないこと。
⑤　そのインボイス発行事業者が消費税法の規定に違反して罰金以上の刑に処せられたこと。
⑥　登録拒否事由について、虚偽の記載をして登録申請書を提出し登録を受けた者であること。

特定国外事業者については、他に「消費税につき期限内申告書の提出がなかった場合において、その提出がなかったことについて正当な理由がないと認められること」等の取消事由が定められています。

Ⅲ　登録の失効

　インボイス発行事業者が、次に掲げる場合に該当することとなったときは、それぞれ次に掲げる日に、登録はその効力を失います（消法57の2⑩）。

登録取消届出書を提出した場合	その課税期間の翌課税期間の初日から起算して15日前の日までに提出したとき	翌課税期間の初日
	上記の日の翌日からその課税期間の末日までの間に提出したとき	翌々課税期間の初日
事業廃止届出書を提出した場合	事業を廃止した日の翌日	
合併による法人の消滅届出書を提出した場合	その法人が合併により消滅した日	

⑴　登録取消届出書を提出した場合

　インボイス発行事業者には、事業者免税点制度は適用されません（消法9①、消基通1-4-1の2）。したがって、インボイス発行事業者は、基準期間における課税売上高及び特定期間における課税売上高が1000万円以下となっても、「登録取消届出書」（「適格請求書発行事業者の登録の取消しを求める旨の届出書」）を提出しない限り、免税事業者となることはできません。

　登録取消届出書は、免税事業者になりたい課税期間の初日から起算して15日前の日までに提出しなければなりません（消法57の2⑩一、消令70の5③）。「15日前の日」は、「2週前の日の前日」です。取消しを希望する課税期間の初日が水曜日であれば、2週前の火曜日になります。

　なお、消費税法57条の2第10項の規定振りは効力を定めるものであるため、国税通則法10条2項の特例は適用されません。

【個人事業者の場合】

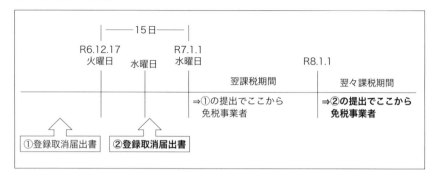

① 令和6年12月17日までに提出すると、翌課税期間の初日（令和7年1月1日）に登録が失効し、令和7年から免税事業者となります。

② 令和6年12月18日から令和7年12月17日までの間に提出すると、翌々課税期間の初日（令和8年1月1日）に登録が失効し、令和8年から免税事業者となります。

15日前の日までの提出を失念した場合には、課税期間の特例を選択するなどの対応を検討しましょう。

⑵ 事業廃止届出書を提出した場合

事業廃止届出書を提出した場合は、事業を廃止した日の翌日に登録が取り消されます（消法57の2⑩二）。

また、事業廃止届出書の提出により、課税事業者の選択、課税期間の特例の選択、簡易課税制度の選択、任意の中間申告の特例、法人の確定申告書の提出期限の特例は、いずれも事業を廃止した日の翌日に効力が失われます（消基通1-4-5）。

Ⅳ 登録事項の公表

登録が適法に行われているかどうかを客観的に確認できるよう、適格請求書発行事業者登録簿に登載された事項は、国税庁ホームページの「適

格請求書発行事業者公表サイト」（公表サイト）に公表されます（消法57の2④⑪、消令70の5②）。

公表サイトへの掲載は、税務署での登録処理後、原則として、登録簿への登録日の翌日に行われます。

公表される事項は、次のとおりです（消令70の5①）。

【国税庁ホームページに公表される事項】

法　　人	個人事業者
①　インボイス発行事業者の名称	①　インボイス発行事業者の氏名
②　登録番号	②　登録番号
③　登録年月日	③　登録年月日
④　登録取消年月日、登録失効年月日	④　登録取消年月日、登録失効年月日
⑤　本店又は主たる事務所の所在地	個人事業者から申出があった場合には次の事項も追加 ⑤　主たる事務所の所在地等 ⑥　主たる屋号

※　特定国外事業者（事務所、事業所等を国内に有しない国外事業者）以外の国外事業者については、国内において行う資産の譲渡等に係る事務所、事業所その他これらに準ずるものの所在地が公表されます。

※　人格のない社団等の本店又は主たる事務所の所在地は、申出があった場合に公表されます。

(1)　個人事業者の公表事項

個人事業者は、申出により、次の事項を公表することができます。

公表の申出をするとき、又は、その公表事項を変更するときは、「適格請求書発行事業者の公表事項の公表（変更）申出書」を提出する必要があります。

①　「旧姓」「通称」

個人事業者は、申出により、「住民票に併記されている旧氏（旧姓）」を氏名として公表することや、氏名と旧姓を併記して公表することができます（インボイスQA問2、19、22）。旧姓の公表を希望する場合は、住民票の写しの添付が必要ですが、e-Taxにより申出書を提出する場合は、添付を省略することができます。

また、外国人は、申出により、上記の旧姓使用と同様に、「住民票に併記されている外国人の通称」を使用することができます（インボイスQA問2、19、22）。

②　「屋号」「事務所等の所在地」

個人事業者は、税務署長への申出をして、「屋号」や「事務所等の所在地」を公表することができます。

なお、氏名に代えて屋号やペンネーム、芸名等を公表することはできません。屋号やペンネーム、芸名等は、氏名とあわせて公表されます。

⑵　法定公表情報の変更の届出

インボイス発行事業者は、名称や法人の本店所在地など、法定の公表事項に変更があった場合は、「適格請求書発行事業者登録簿の登載事項変更届出書」を提出する必要があります。これにより、適格請求書発行事業者登録簿の情報及び公表情報が変更されます（消法57の2⑧）。

ただし、法人は、変更事項が「名称」又は「本店又は主たる事務所の所在地」であり、その異動事項について記載した異動届出書の提出を行っている場合は、「適格請求書発行事業者登録簿の登載事項変更届出書」の提出を省略することができます（インボイスQA問22）。

⑶　公表期間は登録の取消し後7年間

公表サイトでは、過去に行われた取引についても取引時点での取引先の登録状況を確認できるよう、登録の取消や失効があった場合でも、取消・失効後7年間は、取消・失効年月日とともに公表サイトに掲載され、7年経過後に公表サイトから削除されます。

⑷　公表サイトによる検索

①　登録番号による検索

登録番号による検索が可能です。

法人は、サイト内に法人番号の検索機能が付加されているため、名称

等による検索が可能です。

　個人事業者は、「登録番号」以外のたとえば「氏名又は名称」などは、表記可能な字体に置き換えを行っている場合や同姓同名の場合など、正しく検索できない可能性もあるため、「登録番号」以外では検索できません。

②　Web－API機能

　公表サイトには、法人番号システムと同様に、Web-API機能が搭載されています。

　Web-API機能は、インターネットを経由して、指定した登録番号で抽出した情報、指定した期間で抽出した更新（差分）情報を取得するための、システム間連携インターフェース（データ授受の方式）を提供するものです。

　ダウンロードできる情報は、「登録番号」「登録年月日」「登録の取消・失効の有無」「法人の本店又は主たる事務所の所在地」「法人の名称」です。

　個人事業者の場合、「氏名」、「事務所の所在地等」、「屋号」及び「通称・旧姓」などについては、ダウンロードデータから削除されています。

　なお、会計ソフト等に附属する機能として、公表サイトのWeb-API機能又は公表情報ダウンロード機能を利用して、名簿に入力された取引先について、自動で定期的に登録の確認を行うシステム等が開発されています。

Ⅴ　インボイス発行事業者が死亡した場合

1.「適格請求書発行事業者の死亡届出書」の提出

　インボイス発行事業者が死亡した場合には、その相続人は、「適格請求書発行事業者の死亡届出書」を、速やかに、そのインボイス発行事業者の納税地の所轄税務署長に提出しなければなりません（消法57の3①）。

2. 相続人の登録申請

　相続により事業を承継した相続人がインボイス発行事業者の登録を受けるためには、相続人の名で登録申請書を提出する必要があります（消基通1-7-4）。相続人が既に登録申請書を提出している場合は、重ねて提出する必要はありません。

3. 相続人をインボイス発行事業者とみなす措置

　相続人が登録通知を受けるまでの事業の継続に支障がないよう、相続によりインボイス発行事業者の事業を承継した相続人については、被相続人が死亡した日の翌日から、次の①又は②のいずれか早い日までの期間（みなし登録期間）において、インボイス発行事業者とみなされます（消法57の3②③④、消基通1-7-4）。

　①　相続人がインボイス発行事業者の登録を受けた日の前日

　②　被相続人が死亡した日の翌日から四月を経過する日

　※　相続人がみなし登録期間中に登録申請をした場合は、登録通知があるまでは、みなし登録期間が延長されます（消令70の6②）。

　みなし登録期間は、被相続人の登録番号は相続人の登録番号とみなされます（消法57の3②③④、消基通1-7-4）。

　この取扱いの適用を受けるためには、登録申請書に、相続によりインボイス発行事業者の事業を承継した旨を記載しなければなりません（消令70の6①）。

VI　人格のない社団等と任意組合

1. 人格のない社団等の登録

　人格のない社団等とは、多数の者が一定の目的を達成するために結合した団体のうち法人格を有しないもので、単なる個人の集合体でなく、団体としての組織を有し統一された意思の下にその構成員の個性を超越して活動を行うものをいいます。

　人格のない社団等は、構成員の入れ替わりがあっても組織として継続するものであり、消費税法上、法人とみなされ（消法3）、消費税の納税義務者となるため、インボイス発行事業者の登録を受けることができます。

　人格のない社団等が登録した場合には、公表サイトに、①インボイス発行事業者の氏名又は名称、②登録番号、③登録年月日、④登録取消（失効）年月日が公表されます。申出により「本店又は主たる事務所の所在地」を公表することもできます。

2. 任意組合等のインボイスの交付

⑴　任意組合等は登録ができない

　民法上の組合や投資事業有限責任組合、有限責任事業組合等は、法人ではありません。人格のない社団等と違って、消費税法上、法人とみなされることはなく、これらの組合が行う取引については、売上げ及び仕入れが出資の割合等により組合員に帰属するパススルー課税が適用されます。消費税の納税義務者とならず、インボイス発行事業者となることもできません。

⑵　インボイスの交付が可能

　ただし、その任意組合等の組合員全員がインボイス発行事業者である場合において、業務執行組合員がその任意組合等の契約書を添付して「任

意組合等の組合員の全てが適格請求書発行事業者である旨の届出書」を提出したときは、その任意組合のいずれかの組合員が、インボイスを交付することができます（消法57の6①、消令70の14①②）。

この場合、交付するインボイスに記載する「インボイス発行事業者の氏名又は名称及び登録番号」は、原則として組合員全員のものを記載することとなりますが、次の事項（①及び②）を記載することも認められます（消令70の14⑤）。

①　その任意組合等のいずれかの組合員の「氏名又は名称及び登録番号」

②　その任意組合等の名称

(3)　要件を満たさなくなった場合

次に該当することとなったときは、該当することとなった日以後の取引について、インボイスを交付することはできません。

①　インボイス発行事業者でない新たな組合員を加入させた場合

②　組合員のいずれかがインボイス発行事業者でなくなった場合

これらの場合に該当することとなったときは、業務執行組合員が速やかに「任意組合等の組合員が適格請求書発行事業者でなくなった旨等の届出書」を提出しなければなりません（消法57の6②）。

第**3**章

インボイス
発行事業者の義務

Ⅰ 適格請求書（インボイス）

⑴ インボイスの交付義務

　インボイス発行事業者は、国内において課税資産の譲渡等（消費税が免除されるものを除きます）を行った場合（※）において、その課税資産の譲渡等を受ける課税事業者からインボイスの交付を求められたときは、その課税資産の譲渡等に係るインボイスを交付しなければなりません（消法57の4①）。

※　消費税法4条5項の規定により資産の譲渡とみなされる場合等、所定の場合を除きます（消法）57の4①、消令70の9①）。

⑵ インボイスの交付義務の免除

　インボイス発行事業者が行う事業の性質上、インボイスを交付することが困難な課税資産の譲渡等につき、交付義務の免除の取扱いが設けられています（消法57の4①）。

　交付義務が免除されるのは、次に掲げる課税資産の譲渡等です（消令70の9②、新消規25の5、26の6）。

インボイスの交付が免除される課税資産の譲渡等
イ. 3万円未満の公共交通機関（船舶、バス又は鉄道）による旅客の運送
ロ. 3万円未満の自動販売機・自動サービス機による商品の販売等
ハ. 郵便切手を対価とする郵便サービス（郵便ポストに差し出されたものに限る）
ニ. 出荷者が卸売市場において行う生鮮食料品等の譲渡（出荷者から委託を受けた受託者が卸売業務として行うものに限る）
ホ. 生産者が農協、漁協、森林組合等に委託して行う農林水産物の譲渡（無条件委託方式かつ共同計算方式による場合に限る）

⑶ インボイスの記載事項

　インボイスとは、次の事項を記載した請求書、納品書その他これらに類する書類をいいます（消法57の4①）。その書類の名称は問いません（消基通1-8-1）。

インボイスの記載事項

① インボイス発行事業者の氏名又は名称及び登録番号（注1）
② 課税資産の譲渡等を行った年月日（注2）
③ 課税資産の譲渡等に係る資産又は役務の内容（注3、4）
④ 課税資産の譲渡等に係る税抜価額又は税込価額を税率の異なるごとに区分して合計した金額及び適用税率
⑤ 消費税額等
⑥ 書類の交付を受ける事業者の氏名又は名称（注1）

（注）1　取引先コード等の記号、番号等により表示することができます。ただし、その記号、番号等により、登録の効力の発生時期等の履歴が明らかとなる措置を講じておく必要があります（消基通1-8-3）。

2　年月日は、課税期間の範囲内で一定の期間内に行った課税資産の譲渡等につきまとめてその書類を作成する場合には、その一定の期間を記載します（消法57の4①二）。

3　その課税資産の譲渡等が軽減対象課税資産の譲渡等である場合には、資産の内容及び軽減対象課税資産の譲渡等である旨を記載します。その資産の譲渡等が課税資産の譲渡等かどうか、また、その資産の譲渡等が課税資産の譲渡等である場合においては、軽減対象課税資産の譲渡等かどうかの判別が取引の相手方との間で明らかとなるときは、商品コード等の記号、番号等により表示することができます（消基通1-8-3）。

4　「軽減対象課税資産の譲渡等である旨」の記載については、軽減対象課税資産の譲渡等であることが客観的に明らかであるといえる程度の表示がされていればよく、個々の取引ごとに適用税率が記載されている場合のほか、例えば、次のような場合もその記載があるものと認められます（消基通1-8-5）。

① 軽減対象資産の譲渡等に係る請求書等とそれ以外のものに係る請求書等とが区分して作成され、その区分された軽減対象資産の譲渡等に係る請求書等に、記載された取引内容が軽減対象資産の譲渡等であることが表示されている場合

② 同一の請求書等において、軽減対象資産の譲渡等に該当する取引内容を区分し、その区分して記載された軽減対象資産の譲渡等に該当する取引内容につき軽減対象資産の譲渡等であることが表示されている場合

③ 同一の請求書等において、軽減対象資産の譲渡等に該当する取引内容ごとに軽減対象資産の譲渡等であることを示す記号、番号等を表示し、かつ、その記号、番号等の意義が軽減対象資産の譲渡等に係るものであることとして表示されている場合

請　求　書

㈱○○御中

△△商事㈱
電話（06）1234-5678
登録番号T012345‥‥‥‥

合計　お支払い金額　　1,312,000円

日付	品　名	金　額	備　考
11/1	魚※	50,000円	
11/2	タオルセット	80,000円	
※は軽減税率対象　　　合計		1,200,000円　消費税等	112,000円
8％対象		400,000円	32,000円
10%対象		800,000円	80,000円

上記、ご請求申し上げます。××年11月30日

⑷　消費税額等

　インボイスに記載する消費税額等は、次のいずれかの方法により計算した金額です（消令70の10）。

インボイスに記載する消費税額等の計算方法
①　課税資産の譲渡等に係る税抜価額を税率の異なるごとに区分して合計した金額に$\dfrac{10}{100}$（軽減対象課税資産の譲渡等に係るものである場合には、$\dfrac{8}{100}$）を乗じて算出する方法
②　課税資産の譲渡等に係る税込価額を税率の異なるごとに区分して合計した金額に$\dfrac{10}{110}$（軽減対象課税資産の譲渡等に係るものである場合には、$\dfrac{8}{108}$）を乗じて算出する方法

　1円未満の端数処理については、切捨て、切上げ又は四捨五入のいずれでもかまいません。

　ただし、消費税額等は、税抜価額又は税込価額を税率の異なるごとに区分して合計した金額を基礎として算出し、算出した消費税額等の1円未満の端数を処理することとなるので、その端数処理は、一のインボイ

スにつき、税率の異なるごとにそれぞれ1回となります。複数の商品の販売につき、一のインボイスを交付する場合において、一の商品ごとに端数処理をした上でこれを合計して消費税額等として記載することはできません（消令70の10、消基通1-8-15）。

(5)　複数の書類による交付

　インボイスの交付に関して、一の書類に全ての事項を記載するのではなく、例えば、納品書と請求書等の二以上の書類であっても、これらの書類について相互の関連が明確であり、その交付を受ける事業者が記載事項を適正に認識できる場合には、これら複数の書類全体でインボイスの記載事項を満たすものとなります（消基通1-8-1）。

(6)　家事共用資産を譲渡した場合

　個人事業者であるインボイス発行事業者が、事業と家事の用途に共通して使用するものとして取得した資産を譲渡する場合には、その譲渡に係る金額を事業としての部分と家事使用に係る部分とに合理的に区分するものとし、インボイスに記載する「課税資産の譲渡等に係る税抜価額又は税込価額を税率の異なるごとに区分して合計した金額」及び「消費税額等」は、その事業としての部分に係る金額に基づき算出することとなります（消基通1-8-6）。

(7)　共有物の譲渡等をした場合

　インボイス発行事業者が、インボイス発行事業者以外の者である他の者と共同で所有する資産（以下「共有物」といいます）の譲渡又は貸付けを行う場合には、その共有物に係る資産の譲渡等の金額を所有者ごとに合理的に区分するものとし、インボイスに記載する「課税資産の譲渡等に係る税抜価額又は税込価額を税率の異なるごとに区分して合計した金額」及び「消費税額等」は、自己の部分に係る資産の譲渡等の金額に基づき算出することとなります（消基通1-8-7）。

　ただし、共有者の全員がインボイス発行事業者である場合には、媒介

者交付特例（219頁参照）により、共有者のうちの1人が代表して対価の額の全額に係るインボイスを交付することができます。

⑻　インボイス発行事業者でなくなった場合

　インボイス発行事業者がインボイス発行事業者でなくなった後、インボイス発行事業者であった課税期間において行った課税資産の譲渡等を受ける他の事業者から、その課税資産の譲渡等に係るインボイスの交付を求められたときは、これを交付しなければなりません（消基通1-8-8）。

Ⅱ　適格簡易請求書（簡易インボイス）

⑴　簡易インボイスを交付することができる事業

　インボイス発行事業者が国内において行った課税資産の譲渡等が次に掲げる事業に係るものであるときは、インボイスに代えて、簡易インボイスを交付することができます（消法57の4②、消令70の11）。

簡易インボイスを交付することができる事業
①　小売業、飲食店業、写真業及び旅行業、タクシー業
②　駐車場業（不特定かつ多数の者に自動車その他の車両の駐車のための場所を提供するものに限ります。）
③　上記に掲げる事業に準ずる事業で不特定かつ多数の者に資産の譲渡等を行うもの

⑵　簡易インボイスの記載事項

　簡易インボイスとは、次に掲げる事項を記載した請求書、納品書その他これらに類する書類をいいます（消令70の11）。その書類の名称は問いません。

簡易インボイスの記載事項
①　インボイス発行事業者の氏名又は名称及び登録番号
②　課税資産の譲渡等を行った年月日
③　課税資産の譲渡等に係る資産又は役務の内容

④ 課税資産の譲渡等に係る税抜価額又は税込価額を税率の異なるごとに区分して合計した金額
⑤ 消費税額等又は適用税率

　記載事項の注意点は、インボイスと同じです。
　簡易インボイスは、小売業のレシートを想定しています。インボイスとの違いは、「消費税額等」又は「適用税率」のいずれかの記載で足りるものとされていること及び「書類の交付を受ける事業者の氏名又は名称」の記載を省略することができることです。

```
             レシート

          ××年10月31日
   ●▼ショップ    店T1234567890123
```

品　　名	金額（税込み）
リンゴ※	800
牛肉※	4,200
タオル	5,000
合計　税率8%	5,000円（消費税等370円）
税率10%	5,000円（消費税等454円）
お買上金額	10,000円

※は軽減税率

III 適格返還請求書（返還インボイス）

(1) 返還インボイスの交付義務

　売上げに係る対価の返還等を行うインボイス発行事業者は、その売上げに係る対価の返還等を受ける他の事業者に対して、返還インボイスを交付しなければなりません（消法57の4③）。

⑵　返還インボイスの交付義務の免除

①　インボイスを交付することが免除される課税資産の譲渡等（上記Ⅰ⑵に掲げるもの）について行った売上げに係る対価の返還等である場合には、その返還インボイスの交付義務は免除されます（消法57の4③、消令70の9③）。

②　売上げに係る対価の返還等に係る税込価額が1万円未満である場合には、その返還インボイスの交付義務は免除されます。

⑶　返還インボイスの記載事項

返還インボイスとは、次に掲げる事項を記載した請求書、納品書その他これらに類する書類をいいます（消法57の4③）。

返還インボイスの記載事項
①　インボイス発行事業者の氏名又は名称及び登録番号
②　売上げに係る対価の返還等を行う年月日及びその売上げに係る対価の返還等に係る課税資産の譲渡等を行った年月日
③　売上げに係る対価の返還等に係る課税資産の譲渡等に係る資産又は役務の内容
④　売上げに係る対価の返還等に係る税抜価額又は税込価額を税率の異なるごとに区分して合計した金額
⑤　売上げに係る対価の返還等の金額に係る消費税額等又は適用税率

記載事項の注意点は、インボイスと同じです。

⑷　返還インボイスの交付方法

返還インボイスは、必ずしも、独立した帳憑である必要はありません。

一の事業者に対して、インボイス及び返還インボイスを交付する場合において、それぞれの記載事項を満たすものであれば、一の書類により交付することができます（消基通1-8-20）。

請 求 書

㈱○○御中

△△商事㈱
電話（06）1234-5678
登録番号T012345‥‥‥‥

合計　お支払い金額　　1,312,000円

日付	品　名	金　額	備　考
11/1	魚※	50,000円	
11/2	タオルセット	80,000円	
〜	〜	〜	〜
11/10	タオルの返品	20,000	
※は軽減税率対象　差引合計		1,200,000円　消費税等	112,000円
	8％対象	400,000円	32,000円
	10%対象	800,000円	80,000円

上記、ご請求申し上げます。××年11月30日

　この場合、インボイスに記載すべき「課税資産の譲渡等に係る税抜価額又は税込価額を税率の異なるごとに区分して合計した金額」と返還インボイスに記載すべき「売上げに係る対価の返還等に係る税抜価額又は税込価額を税率の異なるごとに区分して合計した金額」については、継続適用を条件にこれらの金額の差額を記載することができます。インボイスに記載すべき消費税額等と返還インボイスに記載すべき売上げに係る対価の返還等の金額に係る消費税額等についても、その差額に基づき計算した金額を記載することができます（消基通1-8-20）。

⑸　登録前に行った課税資産の譲渡等に係る対価の返還等

　インボイス発行事業者が、インボイス発行事業者の登録を受ける前に行った課税資産の譲渡等について、登録を受けた日以後に売上げに係る対価の返還等を行う場合には、その対価の返還等に関する返還インボイスの交付義務はありません（消基通1-8-18）。

⑹ インボイス発行事業者でなくなった場合

インボイス発行事業者がインボイス発行事業者でなくなった後において、インボイス発行事業者であった課税期間において行った課税資産の譲渡等につき、売上げに係る対価の返還等を行った場合には、返還インボイスを交付しなければなりません（消基通1−8−19）。

 ## 記載事項に誤りがあった場合

インボイス、簡易インボイス又は返還インボイスを交付したインボイス発行事業者は、これらの書類の記載事項に誤りがあった場合には、これらの書類を交付した他の事業者に対して、修正したインボイス、簡易インボイス又は返還インボイスを交付しなければなりません（消法57の4④）。交付方法は、たとえば、次の方法が考えられます（消基通1−8−21）。

・誤りがあった事項を修正し、改めて記載事項の全てを記載したものを交付する方法
・当初に交付したものとの関連性を明らかにし、修正した事項を明示したものを交付する方法

 ## 電子インボイスの提供

インボイス発行事業者は、インボイス、簡易インボイス又は返還インボイスの交付に代えて、これらの書類に記載すべき事項に係る電磁的記録（電子インボイス）を提供することができます。

電子インボイスの提供には、例えば、次に掲げるようなものが該当します（消基通1−8−2）。

① 光ディスク、磁気テープ等の記録用の媒体による提供

② いわゆるEDI取引を通じた提供

③ 電子メールによる提供

④ インターネット上のサイトを通じた提供

　また、インボイスに係る記載事項につき、例えば、納品書データと請求書データなど複数の電子データの提供による場合又は納品書と請求書データなど書面の交付と電子データの提供による場合のいずれにおいても、これらの書類と電子データについて相互の関連が明確であり、その交付を受ける事業者がインボイスの記載事項を適正に認識できる場合には、これら複数の書類及び電子データ全体でインボイスの記載事項を満たすものとなります（消基通1−8−2）。

　なお、電子インボイスとして提供した事項に誤りがあった場合には、その提供をした他の事業者に対して、修正した電子インボイスを提供しなければなりません（消法57の4⑤）。

 ## インボイスの写しの保存義務

1. 書面で交付した場合

　インボイス、簡易インボイス若しくは返還インボイスを交付したインボイス発行事業者は、これらの書類の写し又はその電子インボイスを整理し、その交付した日の属する課税期間の末日の翌日から二月を経過した日から7年間、これを納税地又はその取引に係る事務所等の所在地に保存しなければなりません（消法57の4⑥、消令70の13①）。

　なお、上記の二月を経過した日から5年を経過した日以後の期間における保存は、財務大臣の定めるマイクロフィルムによる帳簿書類の保存の方法によることができます（消令70の13②）。

2. 電子インボイスを提供した場合

　電子インボイスを提供した場合には、データのまま、又は、書面に印刷して保存することができます。

⑴　印刷して保存する場合

　電子帳簿保存法は、申告所得税及び法人税を対象に、電子取引を行った場合のデータ保存の原則を定めています（電帳法7）が、消費税法令においては、電子インボイスのデータ保存に代えて、整然とした形式及び明瞭な状態でアウトプットした書類を保存することが認められています（新消規26の8②）。

⑵　データのまま保存する場合

　ただし、法人税の対応としてデータで保存するものを、消費税のためだけにプリントアウトするという実務は、通常想定されないでしょう。消費税法令において、電子インボイスをデータのまま保存する場合は、電子帳簿保存法に定められた要件に準じて保存しなければならない旨が規定されています（新消規26の8①）。

　また、データ保存している事項に関する改ざん等の不正が行われた場合は、重加算税が10%加算されます（消法59の2、消令71の2、消規27の2、27の3）。

⑶　電子取引データの保存要件

　電子帳簿保存法は、電子取引のデータ保存について、「改ざん防止のための措置」、「日付、金額、取引先による検索機能の確保」、「ディスプレイ・プリンタ等の備付け」といった要件を定めています。

【電子取引データの保存要件】

改ざん防止措置	① 次のイからニのいずれかの措置を行うこと イ タイムスタンプが付されたデータを授受する ロ データを授受した後速やかにタイムスタンプを付す ハ データの訂正削除を行った場合にその記録が残るシステム又は訂正削除ができないシステムを利用して、授受及び保存を行う ニ 記録事項について正当な理由がない訂正及び削除の防止に関する事務処理の規程を定めて備え付け、その規程に沿って運用する
検索機能	② 次の要件を満たす検索機能を確保しておくこと ⅰ 取引年月日その他の日付、取引金額及び取引先を検索条件として設定できること ⅱ 日付又は金額については、範囲を指定して条件を設定することができること ⅲ 二以上の任意の項目を組み合わせて条件を設定できること ※ 税務調査等の際にダウンロードの求めに応じることができるようにしている場合には、ⅱ及びⅲの要件は不要
ディスプレイ等の備付け	③ システム取扱説明書（自社開発プログラムについてはシステム概要書）の備付けを行うこと ④ 電子計算機、プログラム、ディスプレイ、プリンタ及びこれらの操作説明書を備え付け、そのデータをディスプレイの画面及び書面に、整然とした形式及び明瞭な状態で、速やかに出力できるようにしておくこと

⑷ データ保存の特例措置

電子帳簿保存法は、要件に従ってデータ保存ができない場合の特例として、令和5年12月31日までは、プリントアウトした書面の保存を可能としています。また、令和6年1月1日以後は、次のような措置が設けられています。

① 検索機能の全てを不要とする措置

次の者は、税務調査等の際に電子取引データの「ダウンロードの求め（調査担当者にデータのコピーを提供すること）」に応じることができるようにしている場合には、検索機能の全てが不要となります。

イ 基準期間（2課税年度前）の売上高が5000万円以下である者

ロ 電子取引データをプリントアウトした書面を取引年月日及び取引先ごとに整理された状態で提示・提出することができるようにしている者

② 電子データを単に保存することができる措置

次のイ、ロのいずれにも該当する場合には、保存要件に沿った対応は不要となり、電子取引データを単に保存しておくことができます。

イ　保存時に満たすべき要件に従って電子取引データを保存することができなかったことについて、所轄税務署長が相当の理由があると認める場合（事前申請等の手続きはない）

ロ　税務調査等の際に、電子取引データのダウンロードの求め及びその電子取引データをプリントアウトした書面の提示・提出の求めにそれぞれ応じることができるようにしている場合

 ## インボイス類似書類等の交付の禁止

次の行為は禁止されています（消法57の5）。

インボイス発行事業者	・偽りの記載をしたインボイス又は簡易インボイスの交付 ・上記書類の記載事項に係る電子データの提供
インボイス発行事業者以外の者	・インボイス発行事業者が作成したインボイス又は簡易インボイスであると誤認されるおそれのある表示をした書類の交付 ・上記書類の記載事項に係る電子データの提供

禁止行為を行った者は、1年以下の懲役又は50万円以下の罰金に処するものとされています（消法65四）。

 ## 委託販売等

1. インボイスの代理交付

委託者Aが商品の販売を受託者Bに委託した場合、顧客に対して課税資産の譲渡等を行っているのは委託者Aですから、本来、委託者Aが顧客に対してインボイスを交付しなければなりません。

しかし、委託販売では、通常、委託者Aは顧客と接触する機会を持ちません。そこで、受託者Bが、委託者Aの氏名又は名称及び登録番号を記載した委託者Aのインボイスを、顧客に代理交付することが認められます。

2. 媒介者交付特例

受託者が複数の委託者の商品を一括して販売する等、受託者が代理して委託者のインボイスを交付することが難しい場合も考えられます。そこで、委託者及び受託者の双方がインボイス発行事業者であることを要件として、「媒介者交付特例」が設けられています。

インボイス発行事業者が、媒介者等を介して課税資産の譲渡等を行う場合において、その媒介者等がインボイス発行事業者であるときは、その媒介等を行う受託者は、委託者の課税資産の譲渡等について、受託者の氏名又は名称及び登録番号を記載したインボイスを、顧客に交付することができます（消令70の12①）。

3. インボイスの写しの保存

委託者Aは、自己に帰属する課税資産の譲渡等について受託者Bが代理交付した又は媒介者交付特例により交付したインボイスの写しを保存

する義務があります。したがって、委託者A及び受託者Bは、次の対応が必要です（消令70の12①③④、消基通1-8-10～11、インボイスQA問48）。

委託者Aの対応
①　自己が登録を受けている旨を取引前に通知する。 　➤　個々の取引の都度通知する、事前に登録番号を書面等により通知する、基本契約等により委託者の登録番号を記載するなどの方法による。 ②　自己がインボイス発行事業者でなくなった場合には、その旨を速やかに受託者Bに通知する。 ③　受託者Bから交付されたインボイスの写しを保存する。

受託者Bの対応
①　交付したインボイスの写し又は提供したデータを保存する。 ②　交付したインボイスの写し又は提供したデータを速やかに委託者Aに交付又は提供する。 　➤　例えば、そのインボイスに複数の委託者に係る記載がある場合や、多数の購入者に対して日々インボイスを交付するため、コピーが大量になる場合など、インボイスの写しそのものを交付することが困難であるときは、その委託者に係るインボイスの記載事項を記載した精算書等を交付し、精算書等の写しを保存する。

　媒介者交付特例は、物の販売などを委託し、受託者が買手に商品を販売しているような取引だけではなく、請求書の発行事務や集金事務といった商品の販売等に付随する行為のみを委託しているような場合も対象となります（消基通1-8-9）。

第Ⅲ部
インボイス制度編

第4章

仕入税額控除の要件

　仕入税額控除の規定は、一般課税による場合、原則として、事業者がその課税期間の課税仕入れ等の税額の控除に係る帳簿及び請求書等を保存しない場合には、その保存がない課税仕入れ等の税額については、適用ができません（消法30⑦）。

　また、金又は白金の地金の課税仕入れについては、加えて、仕入先の本人確認書類（住民票の写し等）の保存が必要です（消法30⑪）。

Ⅰ　保存するべき帳簿

　インボイス制度において保存するべき帳簿とは、次の事項が記載されているものです（消法30⑧）。

課税仕入れ	①　課税仕入れの相手方の氏名又は名称 [注1、2] ②　課税仕入れを行った年月日 ③　課税仕入れに係る資産又は役務の内容 [注3] ④　課税仕入れに係る支払対価の額
特定課税仕入れ	①　特定課税仕入れの相手方の氏名又は名称 [注2] ②　特定課税仕入れを行った年月日 ③　特定課税仕入れの内容 [注3] ④　特定課税仕入れに係る支払対価の額 ⑤　特定課税仕入れに係るものである旨
保税地域からの引取りに係る課税貨物	①　課税貨物を保税地域から引き取った年月日 ②　課税貨物の内容 ③　課税貨物の引取りに係る消費税額及び地方消費税額

（注）1　古物営業を営む事業者等が行う所定の要件に該当する課税仕入れについては、記載を省略することができます（消令49②、新消規15の3）。

　　　　　また、卸売市場においてせり売又は入札の方法により行われる課税仕入れその他の媒介者等を介して行われる課税仕入れについては、その媒介者等の氏名又は名称を記載することができます（消令49③、新消規26の5）。

　　　2　取引先コード等の記号、番号等による表示ができます（消基通11-6-1）。

　　　3　その課税仕入れが軽減対象課税資産の譲渡等に係るものである場合には、資産の内容及び軽減対象課税資産の譲渡等に係るものである旨を記載します。

　　　　　その仕入れ又は資産の譲渡等が課税仕入れ又は課税資産の譲渡等かどうか、また、その資産の譲渡等が課税資産の譲渡等である場合においては、軽減対象課税資産の譲渡等かどうかの判別が明らかとなるときは、商品コード等の記号、番号等による表示をすることができます（消基通11-6-1）。

Ⅱ 保存するべき請求書等

　インボイス制度において保存するべき請求書等は、次の書類等をいいます（消法30⑨）。

保存するべき請求書等
① インボイス又は簡易インボイス
② 課税仕入れを行う事業者が作成した仕入明細書等
③ 課税仕入れの媒介等に係る業務を行う者から交付を受ける請求書等
※ 上記の書類はいずれも、その記載事項に係るデータの提供を受けて保存することができます。
※ 特定課税仕入れについては、請求書等保存の要件はありません。
※ 課税貨物の引取りについては、課税貨物の輸入の許可書等の保存が必要です。

⑴ インボイス又は簡易インボイスの記載事項

　インボイスの記載事項は206頁、簡易インボイスの記載事項は210頁を参照してください。

⑵ 仕入明細書等

① 記載事項

　課税仕入れを行う事業者が作成した仕入明細書等の記載事項は、次の事項です（消令49④）。

仕入明細書等の記載事項
① 書類の作成者の氏名又は名称[注1]
② 課税仕入れの相手方の氏名又は名称及び登録番号[注1]
③ 課税仕入れを行った年月日[注2]
④ 課税仕入れに係る資産又は役務の内容[注3]
⑤ 税率の異なるごとに区分して合計した課税仕入れに係る支払対価の額及び適用税率
⑥ 消費税額等[注4]

（注）1　取引先コード等の記号、番号等による表示ができます。
　　　　　なお、登録番号については、その記号、番号等により、登録の効力の発生時期に関する変更等の履歴が明らかとなる措置を講じておく必要があります（消基通11-6-1）。

2　年月日は、課税期間の範囲内で一定の期間内に行った課税資産の譲渡等につきまとめてその書類を作成する場合には、その一定の期間を記載します（消令49④三）。

3　その課税仕入れが他の者から受けた軽減対象課税資産の譲渡等に係るものである場合には、資産の内容及び軽減対象課税資産の譲渡等に係るものである旨を記載します。

　その仕入れ又は資産の譲渡等が課税仕入れ又は課税資産の譲渡等かどうか、また、その資産の譲渡等が課税資産の譲渡等である場合においては、軽減対象課税資産の譲渡等かどうかの判別が取引の相手方との間で明らかなときには、商品コード等の記号、番号等により表示することができます（消基通11－6－1）。

4　課税仕入れに係る支払対価の額に$\frac{10}{110}$（その課税仕入れが他の者から受けた軽減対象課税資産の譲渡等に係るものである場合には、$\frac{8}{108}$）を乗じて算出した金額をいい、その金額に一円未満の端数が生じたときは、その端数を処理した後の金額とします（消令49④六）。

②　相手方の確認

仕入明細書は、その書類に記載されている事項につき、その課税仕入れの相手方の確認を受けたものに限ります（消法30⑨三）。

「課税仕入れの相手方の確認を受けたもの」とは、保存する仕入明細書等に課税仕入れの相手方の確認の事実が明らかにされたもののほか、例えば、次のようなものが該当します（消基通11－6－6）。

①　仕入明細書等への記載内容を通信回線等を通じて課税仕入れの相手方の端末機に出力し、確認の通信を受けた上で自己の端末機から出力したもの

②　仕入明細書等に記載すべき事項に係る電子データにつきインターネットや電子メールなどを通じて課税仕入れの相手方へ提供し、その相手方からその確認をした旨の通知等を受けたもの

③　仕入明細書等の写しを相手方に交付し、又はその仕入明細書等に記載すべき事項に係る電子データを相手方に提供し、一定期間内に誤りのある旨の連絡がない場合には記載内容のとおりに確認があったものとする基本契約等を締結した場合におけるその一定期間を経たもの

(3)　媒介者等から交付を受ける請求書等の記載事項

　課税仕入れの媒介等に係る業務を行う者から交付を受ける請求書等から交付を受ける請求書等の記載事項は、次の事項です（消令49⑥）。

媒介者等から交付を受ける請求書等の記載事項
①　書類の作成者の氏名又は名称及び登録番号^(注1)
②　課税資産の譲渡等を行った年月日^(注2)
③　課税資産の譲渡等に係る資産の内容^(注3)
④　課税資産の譲渡等に係る税抜価額又は税込価額を税率の異なるごとに区分して合計した金額及び適用税率
⑤　消費税額等
⑥　書類の交付を受ける事業者の氏名又は名称^(注1)

(注)　1　取引先コード等の記号、番号等による表示ができます。
　　　　　なお、登録番号については、その記号、番号等により、登録の効力の発生時期に関する変更等の履歴が明らかとなる措置を講じておく必要があります（消基通11-6-1）。
　　　2　年月日は、課税期間の範囲内で一定の期間内に行った課税資産の譲渡等につきまとめてその書類を作成する場合には、その一定の期間を記載します（消令49⑥二）。
　　　3　その課税資産の譲渡等が軽減対象課税資産の譲渡等である場合には、資産の内容及び軽減対象課税資産の譲渡等である旨を記載します。
　　　　　その仕入れ又は資産の譲渡等が課税仕入れ又は課税資産の譲渡等かどうか、また、その資産の譲渡等が課税資産の譲渡等である場合においては、軽減対象課税資産の譲渡等かどうかの判別が取引の相手方との間で明らかなときには、商品コード等の記号、番号等により表示することができます（消基通11-6-1）。

(4)　輸入許可書等

　課税貨物を保税地域から引き取る場合は、次の書類を保存します（消法309五）。

課税貨物を保税地域から引き取る事業者が税関長から交付を受ける輸入許可書等
次の書類
①　課税貨物を保税地域から引き取る事業者が税関長から交付を受けるその課税貨物の輸入の許可（関税法第67条に規定する輸入の許可をいいます。）があったことを証する書類
②　その他税関長の承認を受けて輸入の許可前に保税地域から課税貨物を引き取った場合における当該承認があったことを証する書類など

帳簿及び請求書等の保存期間

　帳簿及び請求書等は、これを整理し、次に掲げる日から2月を経過した日から7年間、納税地又はその取引に係る事務所等の所在地に保存しなければなりません（消令50①）。

　①　帳簿については、その閉鎖の日の属する課税期間の末日の翌日

　②　請求書等については、その受領した日の属する課税期間の末日の翌日

　ただし、保存期間の6年目及び7年目は、帳簿又は請求書等のいずれかの保存で足ります（消令50①、消規15の3、消基通11-6-7）。

 帳簿及び請求書等の保存を要しない場合

　災害その他やむを得ない事情により、帳簿及び請求書等の保存をすることができなかったことをその事業者において証明した場合には、その保存がなくても仕入税額控除の規定が適用されます（消法30⑦）。

　「災害その他やむを得ない事情」とは、次をいいます（消基通11-2-22、8-1-4）。

災　　害	震災、風水害、雪害、凍害、落雷、雪崩、がけ崩れ、地滑り、火山の噴火等の天災又は火災その他の人為的災害で自己の責任によらないものに基因する災害
やむを得ない事情	上記の災害に準ずるような状況又はその事業者の責めに帰することができない状況にある事態

Ⅴ　請求書等の保存を要しない場合

1. 特定課税仕入れ

　特定課税仕入れについては、請求書等の保存は要しません。帳簿の保存のみで仕入税額控除の適用を受けることができます（消法30⑦、消令49①二）。

2. 課税仕入れ

⑴　請求書等の保存を要しない課税仕入れ

　次に掲げる課税仕入れについては、請求書等の保存は要しません。帳簿の保存のみで仕入税額控除の適用を受けることができます（消法30⑦、消令49①一、新消規15の4）。

請求書等の保存を要しない課税仕入れ
①　売手のインボイス交付の義務が免除されるもの^(注)
イ．公共交通機関特例が適用される3万円未満の旅客の輸送
ロ．自動販売機特例が適用される3万円未満の自動販売機・自動サービス機からの商品の購入等
ハ．郵便局特例が適用される郵便サービス
②　インボイス発行事業者以外からの仕入れが常態であるもの
ニ．古物営業を営む者が、インボイス発行事業者でない者から、古物を棚卸資産として購入する取引
ホ．質屋を営む者が、インボイス発行事業者でない者から、質物を棚卸資産として取得する取引
ヘ．宅地建物取引業を営む者が、インボイス発行事業者でない者から、建物を棚卸資産として購入する取引
ト．インボイス発行事業者でない者から、再生資源及び再生部品を棚卸資産として購入する取引
チ．従業員等に支給する通常必要と認められる出張旅費等（出張旅費、宿泊費、日当及び通勤手当）
③　簡易インボイスが回収されるもの
リ．簡易インボイスの記載事項（取引年月日以外）を満たす入場券等が使用の際に回収される取引

（注）　公共交通機関特例、自動販売機特例及び郵便局特例については、206頁を参照してください。

ニ、ホ、ヘ、トは、インボイス発行事業者以外の者から買い受けた場合に限り、帳簿のみの保存で仕入税額控除が認められます（消法30⑦、消令49①一ハ(1)～(4)）。相手方がインボイス発行事業者である場合は、インボイスの交付を受けて保存する必要があります。

⑵　帳簿の記載

帳簿には、通常必要な記載事項に加え、次の①及び②事項の記載が必要となります（インボイスQA問110）。

①　上記イ～リのいずれかに該当する旨

簡潔に、例えば次のような記載でかまいません。

「3万円未満の鉄道料金」「公共交通機関特例」「入場券等」「古物商特例」「質屋特例」「出張旅費等特例」など

②　上記の「ロ 自動販売機特例」、「リ 入場券回収特例」については相手方の所在地

簡潔に記載できるものは、例えば次のような記載でかまいません。

「〇〇市自販機」「××銀行□□支店ATM」など

⑶　「ニ 古物商」「ホ 質屋」「ヘ 宅地建物取引業者」について

「ニ 古物商」「ホ 質屋」「ヘ 宅地建物取引業者」に係る特例については、古物営業法、質屋営業法又は宅地建物取引業法により、業務に関する帳簿等へ相手方の氏名及び住所を記載することとされているものは、住所又は所在地の記載が必要です。

また、買取りの相手方が「インボイス発行事業者でないこと」が要件となっているので、事業の実態に応じた方法で、買取りの相手方がインボイス発行事業者でないことを客観的に明らかにしておく必要があります。例えば、買取りの際に相手方に記載させる書類に、インボイス発行事業者か否かのチェック欄を設けるなどの方法が考えられます。

なお、古物に準ずる物品及び証票で、譲渡する者が使用、鑑賞その他

の目的で譲り受けたもの（古物営業と同等の方法で買い受けたもの）を
含みます。「古物に準ずる物品及び証票」とは、古物営業法上の古物に該
当しない、例えば、金、銀、白金といった貴金属の地金やゴルフ会員権
がこれに該当します（消令49①一ハ(1)、新消規15の3、消基通11-6-3）。

⑷ 「ト 再生資源の買取り」について

「ト 再生資源の買取り」については、事業者から購入する場合には、
その事業者の住所又は所在地の記載が必要です（令和5年8月10日国
税庁告示26号）。つまり、買取りの相手方がインボイス発行事業者であ
る場合はインボイスの保存必要、インボイス発行事業者でない事業者で
ある場合は、帳簿への住所又は所在地の記載が必要となります。

買取りの相手方		仕入税額控除の要件
事業者	インボイス発行事業者	帳簿及びインボイスの保存が必要
	インボイス発行事業者でない	インボイスの保存は不要 帳簿の記載事項に次を追加 ◆ この特例の対象である旨 ◆ 買取りの相手方の住所又は所在地
事業者でない		インボイスの保存は不要 帳簿の記載事項にこの特例の対象である旨を追加

3. 中小事業者に係る経過措置【少額特例】

基準期間における課税売上高が1億円以下又は特定期間における課
税売上高が5000万円以下である事業者については、令和5年10月1日
から令和11年9月30日までの間に国内において行う課税仕入れについ
て、その課税仕入れに係る支払対価の額が1万円未満である場合には、
インボイスの保存がなくとも帳簿のみで仕入税額控除が認められます。

〈留意点〉

① この経過措置を適用する場合は、インボイス発行事業者以外の者
から行う課税仕入れについて8割控除の適用はなく、その全額が仕

入税額控除の対象となります。

② 自動販売機特例などインボイスの交付を受けることが困難である取引等について、帳簿のみの保存により仕入税額控除制度の適用を受ける場合は、対象となる取引のいずれに該当するか及び課税仕入れの相手方の住所等を帳簿に記載しなければなりません（消令49①）が、この経過措置の適用においては、これらの帳簿への記載は不要です。

③ 法人の基準期間がない課税期間は、特定期間における課税売上高が5000万円を超えていても適用の対象です（消基通21-1-5）。

④ 特定期間における課税売上高の5000万円は、課税売上高による判定に代えて給与支払額の合計額の判定によることはできません。

⑤ 課税期間の途中であっても、令和11年10月1日以後に行う課税仕入れについては、適用はありません。

⑥ 1万円の判定は、一商品ごとの金額により判定するのではなく、一回の取引の合計額が税込1万円未満であるかどうかにより判定します（消基通21-1-6）。

| 例1 | 9,000円の商品と8,000円の商品を同時に購入した場合は、合計17,000円（1万円以上）の課税仕入れとなります。 |
| 例2 | 月額20万円（稼働日21日）の外注は、約した役務の取引金額によることになります。月単位の取引と考えられ、月単位で20万円（1万円以上）の課税仕入れとなります。 |

第IV部
災害特例編

Ⅰ　趣旨と概要

　国税通則法11条は、「災害その他やむを得ない理由」がある場合に、国税に関する申告、申請、請求、届出その他書類の提出、納付又は徴収に関する期限を、その理由のやんだ日から2ヶ月延長することができるものとしています。

　ただし、消費税の課税事業者選択制度及び簡易課税制度に係る届出は、その届出の期限を定めるものではなく、届出書の提出があった場合の効力の発生時期を定めるものであるため、国税通則法11条の適用はありません。

　そこで、これらの制度について、次の特例が設けられています。

特例の区分	特定非常災害の特例	簡易課税制度に係る災害特例	やむを得ない事情がある場合の届出特例
適用対象	特定非常災害の被災事業者	やむを得ない理由がある事業者	やむを得ない事情がある事業者
特例の対象	課税事業者選択制度簡易課税制度	簡易課税制度	課税事業者選択制度簡易課税制度
承認等	届出のみで適用	承認を受けて適用（みなし承認あり）	承認を受けて適用

Ⅱ　特定非常災害の指定を受けた場合の特例

1. 対象となる事業者（被災事業者）

　「特定非常災害の被害者の権利利益の保全等を図るための特別措置に関する法律」2条1項の規定により特定非常災害として指定された非常災害（以下「特定非常災害」といいます）の指定を受けた災害の被災者である事業者（以下「被災事業者」といいます）が対象となります（措法86の5①）。

2. 課税事業者選択又は簡易課税制度選択の変更

　被災事業者が、被災日の属する課税期間以後の課税期間につき、次の届出書を指定日までに所轄税務署長に提出したときは、その適用又は不適用に係る本来の提出時期に提出したものとみなされます（措法86の5①③⑩⑫）。

　イ　課税事業者選択届出書
　ロ　課税事業者選択不適用届出書
　ハ　簡易課税制度選択届出書
　ニ　簡易課税制度選択不適用届出書

※　指定日とは、国税通則法施行令3条の規定に基づき指定される期日とは別に、国税庁長官がその特定非常災害の状況及び国税通則法11条の特定非常災害に係る災害等による期限の延長の規定による申告に関する期限の延長の状況を勘案して定める日をいいます（消基通19-1-2）。

　　特定非常災害が発生した際には、国税庁長官は、災害の状況等を勘案して指定日を定め、告示します（措法86の5①）。

　この特例措置の規定に基づく届出書には、その特例の適用を受け、又はやめようとする開始課税期間を明記するとともに、この特例による届出であることを明らかにするため、届出書の参考事項欄等に特定非常災害の被災事業者である旨を記載します（消基通19-1-5）。

特定非常災害の指定を受けた災害の被災者である

↓

「指定日」までに次の届出書を提出（特定非常災害の被災事業者である旨を記載） ・　課税事業者選択届出書 ・　課税事業者選択不適用届出書 ・　簡易課税制度選択届出書 ・　簡易課税制度選択不適用届出書

↓

その届出書を本来の提出時期までに提出したものとみなされる

3. 継続適用等の解除

⑴　課税事業者選択、簡易課税制度選択

　被災事業者が、指定日までに提出する課税事業者選択届出書、課税事業者選択不適用届出書、簡易課税制度選択届出書又は簡易課税制度選択不適用届出書については、次の取扱いは適用されません（措法86の5②）。

> イ　課税事業者を選択した場合の2年間の継続適用の取扱い（消法9⑥）
> ロ　簡易課税制度を選択した場合の2年間の継続適用の取扱い（消法37⑥）
> ハ　課税事業者を選択した事業者が、調整対象固定資産の仕入れ等をして一般課税により申告した場合に、3年間継続して課税事業者となり一般課税による申告が義務付けられる取扱い（消法9⑦、37③一）

　したがって、被災事業者は、2年間継続適用の要件及び3年間継続適用の要件という制限に関係なく、課税事業者選択不適用届出書を提出することができます。

　また、簡易課税制度選択届出書及び簡易課税制度選択不適用届出書の提出についても、提出の制限はありません。

⑵　新設法人、特定新規設立法人

　新設法人又は特定新規設立法人（いずれも基準期間のない法人です）が被災事業者となった場合には、次の取扱いは適用されません（措法86の5④⑥）。

> 　新設法人又は特定新規設立法人が、調整対象固定資産の仕入れ等をして一般課税により申告した場合に、3年間継続して課税事業者となり一般課税による申告が義務付けられる取扱い（消法12の2②③、37③二）

　したがって、基準期間ができて以後の事業年度については、3年間の制限に関係なく事業者免税点制度の適用が可能となり、免税事業者となるかどうかは、基準期間における課税売上高、特定期間における課税売上高、課税事業者選択届出書の提出の有無等によって判定することとなります（消基通19-1-4）。

また、簡易課税制度選択届出書の提出についても、制限はありません。

〔届出手続〕

　なお、被災事業者となった新設法人又は特定新規設立法人が、支店が被災するなど、国税通則法11条の規定の適用を受けたものでない場合には、この特例の適用を受けようとする旨等を記載した届出書を、設立当初の基準期間がない事業年度のうち最後の事業年度終了の日と指定日とのいずれか遅い日までに所轄税務署長に提出する必要があります（措法86の5④、措規37の3の2①、消基通19-1-3）。

届出書名：「特定非常災害による消費税法第12条の2第2項（12条の3第3項）不適用届出書」

　特定非常災害に係る国税通則法11条の規定の適用を受け申告期限等が延長されている被災事業者は、届出書の提出を要しません。

⑶　高額特定資産を取得した場合等

> イ　被災日前に高額特定資産の仕入れ等を行っていた場合
> ロ　被災日から指定日以後2年を経過する日の属する課税期間の末日までの間に高額特定資産の仕入れ等を行った場合
> ハ　被災日前に高額特定資産等に係る棚卸資産の調整を受けていた場合
> ニ　被災日から指定日以後2年を経過する日の属する課税期間の末日までの間に高額特定資産等に係る棚卸資産の調整を受けることとなった場合

　被災事業者が上記イ～ハのいずれかに該当する場合には、被災日の属する課税期間以後の課税期間については、次の取扱いは適用されません（措法86の5⑤⑥⑧⑨）。

> 高額特定資産の仕入れ等をした場合等に3年間継続して課税事業者となり一般課税による申告が義務付けられる取扱い（消法12の4①②、37③三）

　したがって、被災日の属する課税期間以後の課税期間については、3年間の制限に関係なく事業者免税点制度の適用が可能となり、免税事業

者となるかどうかは、基準期間における課税売上高、特定期間における課税売上高、課税事業者選択届出書の提出の有無等によって判定することとなります。

また、簡易課税制度選択届出書の提出についても、制限はありません。

〔届出手続〕

被災事業者が、支店が被災するなど、国税通則法11条の規定の適用を受けたものでない場合には、この特例の適用を受けようとする旨等を記載した届出書を、高額特定資産の仕入れ等の日（ハ又はニについては、ハ又はニに該当することとなった日）の属する課税期間の末日と指定日とのいずれか遅い日までに所轄税務署長に提出する必要があります（措法86の5⑤、措規37の3の2②、消基通19−1−3）。

届出書名：「特定非常災害による消費税法第12条の4第1項（第2項）不適用届出書」

特定非常災害に係る国税通則法11条の規定の適用を受け申告期限等が延長されている被災事業者は、届出書の提出を要しません。

4. 仮決算による中間申告書の取扱い

被災事業者が、この特例の適用を受けて「簡易課税制度選択届出書」又は「簡易課税制度選択不適用届出書」を提出した場合において、その提出前にその課税期間に係る仮決算による中間申告書を提出しているときは、仕入控除税額は、一般課税と簡易課税とで異なることとなりますが、既に提出された中間申告書について、その仕入控除税額を修正する必要はありません（措令46の3）。

5. 適用関係

この特例は、平成29年4月1日以後に発生する特定非常災害にについて適用されます（改正法附則1、90①）。

なお、平成28年4月に発災した熊本地震の被災者については、経過措置による適用があります（改正法附則90②③、改正令附則32）。

　簡易課税制度に係る災害特例

　簡易課税制度については、災害その他のやむを得ない理由があるとき
は、特定非常災害の指定を受けない場合であっても、その選択を変更す
ることができる特例が設けられています。

　この特例は、災害その他やむを得ない理由により、著しく事務能力が
低下したり臨時多額の設備投資が行われたりするなど、その課税期間開
始前に想定されていなかった事実が生じた場合に、その必要に応じて簡
易課税制度の適用の変更を認めようとするものです。

1. やむを得ない理由の範囲

　やむを得ない理由とは、おおむね以下のような災害の発生等をいいま
す（消基通13−1−7）。

　これは、国税通則法11条の申告、納付、届出等の期限の延長に係る「災
害その他やむを得ない理由」と同じです（通基通11−1）。

やむを得ない理由の範囲
①　地震、暴風、豪雨、豪雪、津波、落雷、地すべりその他の自然現象の異変による災害
②　火災、火薬類の爆発、ガス爆発、その他の人為による異常な災害
③　①又は②に掲げる災害に準ずる自己の責めに帰さないやむを得ない事実

2. 届出時期の特例

⑴　簡易課税制度の選択

　災害その他やむを得ない理由が生じたことにより被害を受けた事業者
が、その被害を受けたことにより、その災害その他やむを得ない理由の
生じた日の属する課税期間（選択被災課税期間）につき簡易課税制度の
適用を受けることについて所轄税務署長の承認を受けたときは、簡易課
税制度選択届出書をその選択被災課税期間の初日の前日に提出したもの
とみなされます（消法37の2①）。

⑵　簡易課税制度の選択不適用

　災害その他やむを得ない理由が生じたことにより被害を受けた事業者が、その被害を受けたことにより、その災害その他やむを得ない理由の生じた日の属する課税期間等（不適用被災課税期間）につき簡易課税制度の適用を受けることをやめることについて所轄税務署長の承認を受けたときは、簡易課税制度選択不適用届出書をその不適用被災課税期間の初日の前日に提出したものとみなされます。

　不適用被災課税期間とは、次のいずれかの課税期間をいいます（消法37の2⑥、消令57の3①、消基通13−1−9）。

不適用被災課税期間
次のうちいずれか一つの課税期間 ①　災害等が生じた課税期間 ②　災害等が生じた課税期間の翌課税期間以後の課税期間のうち、次のすべての要件に該当する課税期間 　イ　災害等の生じた日からその災害等のやんだ日までの間に開始した課税期間であること 　ロ　その災害等が生じた日の属する課税期間につき既にこの特例により不適用の承認を受けていないこと 　ハ　簡易課税制度の2年間の強制適用の課税期間であること

　不適用の特例は、1つの災害等につき一度だけ適用を受けることができるものとされています（消令57の3①、消基通13−1−9）。

　また、災害等があった課税期間の翌課税期間以後に災害がやんだ場合は、2年間の継続適用により不適用の届出ができない期間についてはこの特例によることとなり、その期間の後においては次の「やむを得ない事情がある場合の届出特例」によることになります。

災害その他やむを得ない理由により簡易課税制度の適用又は不適用の必要が生じた

やむを得ない事情がやんだ日から２ヶ月以内に次の書類を提出 ・　簡易課税制度選択届出書　　　　＋　承認申請書 ・　簡易課税制度選択不適用届出書　＋　承認申請書

所轄税務署長の承認、又は、確定申告期限においてみなし承認

承認を受けた課税期間から適用（不適用）

3. 適用制限等の解除

(1) 選択に当たっての制限

　この特例により簡易課税制度選択届出書を提出する場合には、次の取扱いは適用されません（消法37の2①）。

選択に当たっての制限
イ　課税事業者を選択した事業者が、調整対象固定資産の仕入れ等をして一般課税により申告した場合に、簡易課税制度選択届出書の提出を制限される取扱い ロ　新設法人又は特定新規設立法人が、調整対象固定資産の仕入れ等をして一般課税により申告した場合に、簡易課税制度選択届出書の提出を制限される取扱い ハ　高額特定資産の仕入れ等をして一般課税により申告した事業者が、簡易課税制度選択届出書の提出を制限される取扱い

(2) 不適用に当たっての制限

　この特例により簡易課税制度選択不適用届出書を提出する場合には、簡易課税制度の2年間の継続適用の取扱いは適用されません（消法37の2⑥）。

4. 承認申請の期限

　この特例は、被災した事業者が、所轄税務署長に対してこの特例の承認を受ける旨の申請書を提出して申請し、承認を受けた場合に適用があります（消法37の2①②⑦）。

　申請書の提出期限は、原則として、災害等のやんだ日から二月以内です（消法37の2②⑦、消基通13−1−8）。

区分	申請書の提出期限
原則	災害等のやんだ日から2月以内
災害等のやんだ日が、災害等の生じた課税期間の末日の翌日以後に到来する場合	災害等の生じた課税期間に係る申告書の提出期限 （国税通則法11条の規定により申告書の提出期限が延長された場合はその延長された申告書の提出期限）

5. 承認又は却下の処分とみなし承認

　申請の承認又は却下の処分は書面により通知するものとされていますが、災害等の生じた課税期間の確定申告期限までに承認又は却下の処分がなかったときは、その日においてその承認があったものとみなされます（消法37の2④⑤⑦）。

　ただし、災害その他やむを得ない理由のやんだ日がその課税期間の末日の翌日以後に到来する場合は、この限りではありません（消法37の2⑤）。

 Ⅳ　やむを得ない事情がある場合の届出特例

　課税事業者選択届出書や簡易課税制度選択届出書を提出することを予定していた事業者が、やむを得ない事情により、所定の時期にその届出書を提出することができなかった場合に、これを救済するために「やむを得ない事情がある場合の届出特例」が設けられています。

　したがって、やむを得ない事情がなければ届出書を提出していたであろうことが前提であって、この特例によっても、2年間の継続適用が強制されます。

1. やむを得ない事情の範囲

　やむを得ない事情とは、以下のような災害の発生等をいい、制度の不知や提出忘れ等は該当しません（消基通1−4−16、13−1−5の2）。

やむを得ない事情の範囲
①　震災、風水害、雪害、凍害、落雷、雪崩、がけ崩れ、地滑り、火山の噴火等の天災又は火災その他の人的災害で自己の責任によらないものに基因する災害が発生したことにより、届出書の提出ができない状態になったと認められる場合
②　①の災害に準ずるような状況又はその事業者の責めに帰することができない状態にあることにより、届出書の提出ができない状態になったと認められる場合
③　その課税期間の末日前おおむね1月以内に相続があったことにより、その相続に係る相続人が新たに届出書を提出できる個人事業者となった場合 　　この場合には、その課税期間の末日にやむを得ない事情がやんだものとして取り扱う。
④　①から③までに準ずる事情がある場合で、税務署長がやむを得ないと認めた場合

2. 届出時期の特例

　やむを得ない事情があるため、課税事業者選択届出書、課税事業者選択不適用届出書、簡易課税制度選択届出書又は簡易課税制度選択不適用届出書を提出できなかった場合において、所轄税務署長の承認を受けたときは、その届出書を適用又は不適用に係る本来の提出時期に提出したものとみなされます（消法9⑨、37⑤、消令20の2①②、57の2①②）。

届出書を提出することができなかったやむを得ない事情がある

やむを得ない事情がやんだ日から2ヶ月以内に次の書類を提出
・　課税事業者選択届出書　　　　　　　＋　　承認申請書 ・　課税事業者選択不適用届出書　　　　＋　　承認申請書 ・　簡易課税制度選択届出書　　　　　　＋　　承認申請書 ・　簡易課税制度選択不適用届出書　　　＋　　承認申請書

所轄税務署長の承認（みなし承認はない）

承認を受けた課税期間から適用（不適用）

3. 承認申請の期限

　この特例は、被害を受けた事業者が、所轄税務署長に対してこの特例の承認を受ける旨の申請書を提出して申請し、承認を受けた場合に適用があります（消令20の2①②③、57の2①②③）。

　申請書の提出期限は、「やむを得ない事情」がやんだ日から二月以内です（消令20の2③、57の2③、消基通1-4-17、13-1-5の2）。

4. 承認又は却下の処分

　この特例には、みなし承認の取扱いはありません。

　税務署長は、申請書の提出があった場合において、その申請につき承認又は却下の処分をするときは、その申請をした事業者に対し、書面によりその旨を通知します（消令20の2④⑤、57の2④⑤）。

納税義務の判定一覧

原則	免除	免除の特例
事業者（法人及び個人事業者）は、原則として、国内取引に	基準期間における課税売上高が１千万円以下である場合は、免税事業者と	**特定期間における課税売上高が1000万円を超える場合は課税事業者** 特定期間における課税売上高はその期間の給与の額とすることができる。 **課税事業者を選択した場合は課税事業者** 課税事業者の選択は２年間継続適用しなければならない。 **２年間継続適用期間中に調整対象固定資産を取得し一般課税で申告した場合は、仕入れ等から３年後の課税期間まで課税事業者の選択が継続** この期間中は簡易課税制度を適用することができない。 **新設法人（基準期間がなく期首の資本金1000万円以上）である場合は課税事業者** **基準期間がない課税期間中に調整対象固定資産を取得し一般課税で申告した場合は、仕入れ等から３年後の課税期間まで課税事業者** この期間中は簡易課税制度を適用することができない。 **特定新規設立法人（基準期間がなく支配する者の課税売上高が５億円超）である場合は課税事業者** **基準期間がない課税期間中に調整対象固定資産を取得し一般課税で申告した場合は、仕入れ等から３年後の課税期間まで課税事業者** この期間中は簡易課税制度を適用することができない。 **高額特定資産を取得し一般課税で申告した場合等は、仕入れ等から３年後の課税期間まで課税事業者** この期間中は簡易課税制度を適用することができない。 **相続により事業を承継した相続人は、被相続人の課税売上高を加味して課税事業者** 相続があった年の相続の日以後は被相続人の課税売上高により判定する。相続の翌年及び翌々年は相続人の課税売上高と被相続人の課税売上高の合計額により判定する。 **合併法人は、被合併法人の課税売上高を加味して課税事業者** 合併事業年度の合併の日以後は被合併法人の課税売上高により判定する。合併事業年度の翌事業年度以後は合併法人の課税売上高と被合併法人の課税売上高の合計額により判定する。

原則	免除	免除の特例
係る消費税の納税義務者である。	なる（免除の特例の適用がある場合を除く。）。	**新設分割子法人は、新設分割親法人の課税売上高を加味して課税事業者** 分割事業年度及び翌事業年度は新設分割親法人の課税売上高により判定する。 分割の翌々事業年度以後は、特定要件に該当する場合に、新設分割子法人の課税売上高と新設分割親法人の課税売上高の合計額により判定する。
		新設分割親法人は、新設分割子法人の課税売上高を加味して課税事業者 分割の翌々事業年度以後は、特定要件に該当する場合に、新設分割親法人の課税売上高と新設分割子法人の課税売上高の合計額により判定する。
		吸収分割承継法人は、分割法人の売上高を加味して課税事業者 分割事業年度及びその翌事業年度は、分割法人の課税売上高により判定する。
		法人課税信託の固有事業者は、受託事業者の課税売上高を加味して課税事業者 固有事業者の課税売上高に受託事業者の課税売上高を加算したものが基準期間における課税売上高となる。
		法人課税信託の受託事業者は、固有事業者の判定に準じて課税事業者
		上記のいずれにも該当しない場合は免税事業者
		基準期間における課税売上高が1000万円を超える場合は課税事業者

※災害等により被害を受けた場合等には、特別な取扱いがあります。
　インボイス発行事業者には、事業者免税点制度は適用されません。

●著者略歴

金井　恵美子（かない・えみこ）

　1992年税理士試験合格。平成15年、日税研究賞入選。現在、金井恵美子税理士事務所所長。税務・会計を中心にクライアント企業をサポートし、税理士会や研修機関等の講師として全国を奔走する。

　著書に、『実務消費税ハンドブック』コントロール社、『プロフェッショナル消費税』清文社、『理解が深まる消費税インボイス制度QA』『駆け込み完全マスター！売上1000万円以下の個人事業のためのインボイス制度』税務研究会、『消費税軽減税率徹底チェック』中央経済社、ほか多数。

　論文に「消費税の研究『税率構造』軽減税率の法制化を踏まえて」（日税研論集70号）、「所得税法における損失の取扱いに関する一考察」（税法学566号）、「最低生活費への課税とユニバーサル定額給付：消費税が奪った最低生活費をどう償うか」（税法学581号）、「所得税法56条の功罪」（税法学586号）、ほか多数。

新基本通達対応
消　費　税 中小事業者の特例パーフェクトガイド

令和5年11月30日　第1刷発行

　　　著　者　金井　恵美子

　　　発　行　株式会社**ぎょうせい**

　　　　　〒136-8575　東京都江東区新木場1-18-11
　　　　　URL：https://gyosei.jp

　　　　　フリーコール　0120-953-431

　　　　　ぎょうせい　お問い合わせ　検索　https://gyosei.jp/inquiry/

〈検印省略〉

印刷　ぎょうせいデジタル株式会社　　　　　　　　　　©2023　Printed in Japan
※乱丁・落丁本はお取り替えいたします。
※禁無断転載・複製

ISBN978-4-324-11338-7
(5108906-00-000)
〔略号：消費特例ガイド（新通達）〕